L'ÉCOLE-MODÈLE

DE MONTBÉLIARD

NOTICE HISTORIQUE
SUR
L'ÉCOLE-MODÈLE
DE
MONTBÉLIARD
1838 à 1890

PAR

FRÉDÉRIC POURCHOT

Instituteur à Mandeure.

—✷—

Prix : 1 fr. 25

La présente Notice a obtenu :
Une *médaille de bronze* à l'Exposition de 1900.
Une *mention honorable* de la Société d'Émulation de Montbéliard,
concours de 1902.

AUDINCOURT
IMPRIMERIE PIERRE JUILLARD
1903

En vente chez l'auteur et chez les libraires de Montbéliard.

L'École-Modèle de Montbéliard fut fondée en 1838, dans le but de préparer des instituteurs pour les communes de notre région. Elle a été supprimée, ne laissant d'autre trace à la postérité, que le souvenir d'un établissement ayant dignement rempli les conditions de sa création. A part la tradition, aucun document ne pouvait renseigner la génération de demain sur ce que fut l'École-Modèle. Les plus érudits, animés des meilleures intentions, n'arriveraient, après la disparition du personnel et des anciens élèves, qu'à présenter une histoire fort incomplète de l'École.

Il y a là une regrettable lacune. Notre pays de Montbéliard, si riche en souvenirs de toutes sortes, mérite qu'on ajoute un nouveau chapitre à son histoire locale.

C'est pourquoi j'ai réuni et coordonné divers éléments dont l'ensemble constitue un historique de l'École-Modèle.

Pour écrire la présente Notice, j'ai dû puiser à de nombreuses sources, compulser divers documents, afin de compléter mes observations, mes souvenirs et mes notes particulières. J'ai consulté notamment :

1° Les registres des délibérations de la Commission de surveillance de l'École-Modèle ;

2° Les circulaires administratives, parues depuis 1848, concernant les écoles publiques en général, et l'École-Modèle en particulier ;

3° La tradition verbale ; je remercie sincèrement les anciens élèves, jeunes et vétérans, auxquels je me suis adressé. Tous, — depuis ceux de la première promotion à ceux de la dernière, — ont répondu avec empressement à mon appel, et m'ont fourni des indications relatives à la marche de l'École durant le cours de leurs études ;

4° Enfin, j'exprime les sentiments de ma plus vive reconnaissance à mon ancien camarade de promotion, M. Prêtre, le dernier Directeur de l'École Normale de Montbéliard ; je lui dois un grand nombre de renseignements que lui seul était à même de me fournir.

Mandeure, le 10 septembre 1903.

F. POURCHOT.

ACADÉMIE
de
BESANÇON

INSPECTION ACADÉMIQUE DU DOUBS

Besançon, le 3 octobre 1903.

L'Inspecteur d'Académie du Doubs,

à M. Pourchot, instituteur, à Mandeure.

J'ai lu, avec beaucoup d'intérêt, la *Notice* que vous avez rédigée sur l'ancienne École-Modèle de Montbéliard.

Ce travail, très documenté, mérite d'être répandu.

Je vous félicite bien sincèrement de l'avoir mené à bonne fin.

L'Inspecteur d'Académie,

Ch. GUYON.

TABLE DES CHAPITRES

Chapitre	Titre	Page
I.	Création et suppression	9
II.	Les locaux	15
III.	La situation financière	21
IV.	Les Directeurs	29
V.	Les Maîtres internes	35
VI.	Les Maîtres de l'École pratique	43
VII.	Les Professeurs auxiliaires externes, Médecins et gens de service	47
VIII.	Les Élèves-Maîtres	53
IX.	L'Association des Anciens Élèves	61
	Annuaire des Anciens Élèves	65

L'ÉCOLE-MODÈLE DE MONTBÉLIARD

CHAPITRE I

Création et suppression.

Quelques hommes qu'animait certainement l'amour du peuple, à la tête desquels on remarque M. Duvernoy (Georges-Louis), Inspecteur ecclésiastique, prennent l'initiative de la fondation d'une École destinée à fournir des instituteurs aux écoles protestantes de l'Inspection ecclésiastique de Montbéliard. Un projet de Règlement est rédigé et soumis à l'approbation du Conseil royal de l'Instruction publique, qui l'adopte dans sa séance du 26 janvier 1836, en visant dans le préambule le statut général du 14 décembre 1832 concernant les écoles primaires. — Il est dit dans ce règlement qu'indépendamment des Élèves-Maîtres, « on admettra dans l'établissement des jeunes gens de la campagne qui — sans se vouer à la carrière de l'enseignement — voudraient recevoir une instruction primaire supérieure à celle des écoles rurales » et que « l'enseignement sera spécialement adapté aux besoins de la campagne. » De plus « on formera leurs convictions religieuses sur des principes solides dont ils suivront facilement l'application morale. »

L'enseignement portait sur toutes les matières contenues dans nos programmes d'aujourd'hui, en plus l'histoire sainte et un cours d'instruction religieuse. Tout cela à la charge d'un personnel numériquement très restreint et qui était, aux débuts, rétribué comme suit : Directeur 1,500 francs; autres professeurs 400 francs; maître de calligraphie 100 francs; maître de chant 150 francs; chacun des maîtres d'étude 150 francs. Ceux-ci étaient logés et nourris dans l'établissement.

Si l'établissement ne peut fournir aux élèves les lits (en fer) les élèves les fourniront. Le prix leur en sera remboursé par leurs successeurs ou par l'École avec retenue de un quart de leur valeur. A chaque nouvelle promotion, nouvelle retenue de un quart, de sorte qu'au bout d'un certain temps, la valeur des lits devint telle que l'établissement put en faire l'acquisition sans grever bien lourdement son budget, pour les louer ensuite aux élèves.

Le Règlement de l'École-Modèle, — la première pièce officielle qui la concerne, — renferme en substance les renseignements qui précèdent. Ce document se termine ainsi :

« Le Vice-président du Conseil, Signé : Villemain. Le Conseiller exerçant les fonctions de secrétaire, Signé : Cousin. Approuvé conformément à l'art. 21 de l'Ordonnance royale du 26 mars 1829; Le Ministre de l'Instruction publique, Signé : Guizot. »

Par un deuxième arrêté ministériel signé le 20 avril 1836, le Grand-Maître de l'Université de France autorise l'érection à Montbéliard d'une École-Modèle destinée à fournir des instituteurs pour les écoles protestantes du département du Doubs.

Un troisième arrêté en date du 19 juillet 1836 porte nomination, en qualité de membres de la Commission administrative de l'École-Modèle, des personnes dont les noms suivent :

MM. le Sous-Préfet de Montbéliard, Président de droit;
     Duvernoy (Georges-Louis), Inspecteur ecclésiastique;
     Rossel (Charles-François-Frédéric), Juge, membre du
         Conseil général;
     Banzet (Henri-Conserve), Pasteur à Blamont;

MM. Morel-Macler, Architecte de la ville de Montbéliard ;
Duvernoy (Georges-Frédéric), Principal du collège de Montbéliard ;
Goguel (Pierre-Jacques-Frédéric), Maire de Montbéliard.

Cette Commission tient une séance par mois et plus, si les circonstances l'exigent. Ses pouvoirs, qui durent trois ans, sont très étendus : elle contrôle la gestion du Directeur, elle surveille les études, elle fait subir les examens d'entrée et de passage et veille au maintien de la discipline, etc. Tout membre de la Commission qui manque à trois séances consécutives sans excuses plausibles est réputé démissionnaire.

La première Commission de surveillance procède à son installation le 17 août 1836, et se met immédiatement à l'œuvre. Après avoir fondé l'établissement destiné à former les maîtres de la jeunesse, la Commission nomme un Directeur, un Maître-adjoint et un Maître d'étude; elle fixe au 18 décembre 1837 le premier examen d'admission et au 2 janvier 1838 l'entrée à l'École. Cette dernière date peut être considérée comme étant celle de la fondation effective de l'École-Modèle.

La Commission voulut compléter son œuvre en prenant les mesures nécessaires à l'aménagement d'une salle pour une école d'application. L'École pratique, ouverte en 1840, était dirigée par un instituteur qui avait le titre de Maître de l'École pratique. Appelée aussi École élémentaire, École d'application, École annexe, elle a été attachée à l'École-Modèle pendant toute l'existence de cette dernière; elle partagea sa bonne et sa mauvaise fortune : la suppression de l'une amena la disparition de l'autre.

Le 22 décembre 1881, l'École-Modèle perd son caractère confessionnel et devient École Normale. M. Paul Bert, Ministre de l'Instruction publique et des Cultes, porte cette décision à la connaissance de M. le Recteur de l'Académie de Besançon par une lettre ainsi conçue :

« Par vos rapports du 14 octobre et du 15 novembre derniers, vous appelez mon attention sur les services que l'École-Modèle de Montbéliard rend dans le département du Doubs, et vous avez exprimé le vœu que les dispositions du décret du 29 juillet dernier fussent applicables à cet établissement.

« Je suis entièrement d'accord avec vous sur ce point et je n'ai d'autre condition à mettre au maintien de l'École-Modèle de Montbéliard et à son assimilation aux autres Écoles Normales, que la suppression du caractère confessionnel de cette École, qui devra prendre le titre de deuxième École Normale du département.

« Sous cette réserve, les traitements du personnel seront régularisés conformément au décret du 31 juillet 1881, et le régime intérieur de cet établissement sera absolument semblable à celui des autres Écoles Normales. »

Le 12 septembre 1890, M. Léon Bourgeois, Ministre de l'Instruction publique et des Beaux-Arts, prenait un arrêté dont l'article premier est ainsi conçu :

« Les deux Écoles Normales existant dans le département du Doubs sont réunies en un seul établissement dont le siège est fixé à Besançon. »

A ce moment l'École comprenait :

Un Directeur :

M. Prêtre, qui fut admis à la retraite ;

Deux professeurs de l'ordre des sciences :

M. Girardin, nommé Maître-adjoint à l'École Normale de Digne ;

M. Millerot, nommé professeur à l'École Normale d'Amiens ;

Deux professeurs de l'ordre des lettres :

M. Collotte, nommé Maître-adjoint à l'École Normale de Lescar ;

M. Berte, Économe, nommé Maître-adjoint à l'École Normale de Lons-le-Saulnier ;

Un Directeur de l'École annexe :

M. Veuillequez, nommé Directeur de l'École annexe de Mirecourt.

A la même date, 12 septembre, il était créé à Montbéliard, par un deuxième arrêté ministériel « une École régionale d'enseignement primaire supérieur et professionnel sous le nom d'École manuelle d'apprentissage. »

Dix ans après sa fondation, l'École-Modèle avait failli sombrer. Le Comité d'arrondissement, dans une circulaire adressée aux instituteurs, se permettait de juger le personnel de l'École ; — le Conseil général supprimait sa subvention annuelle ; — la Commission de surveillance elle-même engageait de longues discussions dans ses séances de mai et juin 1849 : tout semblait concerté pour amener la chute de l'École. Cette situation critique est nettement établie par une phrase du procès-verbal de la séance de la Commission du 18 juin 1849 : « L'ordre du jour appelle la continuation de la discussion commencée dans les deux séances précédentes sur les mesures qui peuvent être nécessaires pour assurer l'École contre les dangers dont elle est menacée par suite des attaques dont elle est l'objet. »

Elle résista cependant, cette École qui avait déjà fait ses preuves en offrant au pays de Montbéliard une centaine d'instituteurs bien préparés pour faire la guerre à l'ignorance, et en initiant aux méthodes et aux procédés d'enseignement les maîtres entrés en fonctions avant 1838 sans études préalables. Les sympathies acquises à l'École-Modèle dans les diverses classes de la population furent un appui pour elle, mais le personnel fut obligé de démissionner. (Voir page 30.)

De nouvelles tentatives ont été faites, sous la direction de M. Mettetal, ainsi qu'à son décès, pour amener la suppression de l'établissement. Au Conseil général, l'École-Modèle a été attaquée plusieurs fois, et toujours elle a été défendue, au sein de l'assemblée départementale, par les représentants du pays de Montbéliard.

La décision ministérielle du 22 décembre 1881, citée plus haut, dans laquelle nous trouvons ces mots : « Je n'ai d'autre condition à mettre au maintien de l'école... » renferme l'aveu tacite de démarches occultes faites contre son existence.

Enfin en 1890, malgré les efforts d'un Directeur actif et vigilant, d'une Commission dévouée, de M. Viette, député de l'arrondissement, et de M. Buisson, Directeur de l'enseignement primaire, acquis tous deux à la cause de l'École, celle-ci disparaissait.

L'École Normale de Montbéliard a succombé par la raison que, n'ayant plus de caractère confessionnel, elle faisait double emploi avec celle de Besançon. Je me demande pourquoi, par la même raison, on n'a pas supprimé celle de Besançon et laissé subsister celle de Montbéliard. Cette dernière solution s'imposait d'elle-même comme étant la plus logique et la plus rationnelle, pour plusieurs motifs qu'il est inutile d'exposer en présence d'un fait accompli.

La Commission en exercice au moment de la suppression de l'École Normale de Montbéliard se composait de :

MM. Bailliart, Inspecteur d'Académie, Président de droit;
    Viette, Député du Doubs;
    Fallot, Inspecteur ecclésiastique à Audincourt;
    Morel, Banquier à Montbéliard;
    Rossel, Manufacturier à Montbéliard;
    Alphonse Sahler, Conseiller général;
    Charles Fallot, Conseiller général.

CHAPITRE II

Les locaux.

L'École-Modèle, établissement public devenu École Normale complètement à la charge de l'État seulement dans les dernières années de son existence, doit sa fondation à l'initiative privée. Sans doute, elle dépendait des pouvoirs publics quant à la nomination du personnel, à la distribution des bourses, au régime intérieur et à l'enseignement donné; aucune des décisions de la Commission de surveillance n'était valable ou applicable qu'après avoir été approuvée par le Préfet, le Recteur ou le Ministre. Mais l'administration n'était directement intéressée ni à l'existence ni aux succès de l'établissement, parce qu'elle abandonnait aux consistoires, conformément aux règlements en vigueur, le soin de fournir des maîtres aux écoles protestantes de la région, se réservant seulement le droit de ratifier le choix par une nomination officielle.

La question des locaux à occuper, celle des sommes à réunir, ont été de tous temps la constante préoccupation des personnes qui ont réussi à faire vivre l'École-Modèle.

L'aile orientale du bâtiment des Halles, offerte gratuitement par la ville avait d'abord été désignée comme local dans le Règlement général de l'École-Modèle. Mais la Commission débute dans ses fonctions en s'occupant d'un projet d'acquisition de la maison Kœnigsegg, projet qui n'eut d'ailleurs pas de suite. Elle sollicite alors du Ministre de la Guerre la jouissance d'une partie du Château, bâtiment D. Le Ministre consent à louer la partie du Château demandée, moyennant un loyer annuel de 300 francs. Dans le cours de l'année 1837, d'importantes réparations furent exécutées, et c'est dans cet édifice que l'École fut installée le 2 janvier 1838.

Deux ans plus tard, le Ministre de la Guerre congédia, sans exception, tous les locataires du Château dans le but d'y mettre une garnison. L'établissement fut transféré, le 1er novembre 1840, dans le bâtiment dit « l'École française », appartenant à la ville et situé Place Saint-Martin. La somme de 590 francs, représentant le loyer, figure dans les budgets de l'École de 1840 à 1863. A différentes époques, le bâtiment a subi des réparations et des modifications dans la distribution des appartements (1).

En 1870, M. Mettetal, Directeur, fut nommé Principal du Collège de la ville. Cette nomination fut suivie du déplacement de l'École-Modèle, qui abandonna le local de la Place St-Martin pour prendre possession d'un bâtiment dit du « Pensionnat », appartenant également à la ville, et qui est situé n° 23, rue Cuvier.

Ainsi l'École-Modèle a été installée successivement :

1° Au Château, de 1838 à 1840;

2° A la Place St-Martin, de 1840 à 1870;

3° A la rue Cuvier, de 1870 à 1880.

Or ces trois immeubles n'ont été choisis que comme pisaller. Ils ne convenaient ni l'un ni l'autre, sous le rapport de l'hygiène, de la position et de l'aménagement, à un établissement important, non au point de vue de son effectif numérique, mais par le rôle éducatif et social auquel étaient appelés les jeunes gens qui le fréquentaient.

Les bâtiments du Pensionnat affectés à l'École-Modèle étant devenus insuffisants, la Municipalité de Montbéliard, secondée par l'administration, prit l'initiative d'un projet ayant pour

---

(1) En 1899, la Caisse d'épargne de Montbéliard acheta l'immeuble pour 35.000 francs, le démolit et le remplaça par une élégante construction dans laquelle ses bureaux ont été installés en 1901.

but la construction de bâtiments destinés à l'installation de ladite École. A cet effet, elle s'adressa aux communes intéressées, par l'intermédiaire de MM. E. Peugeot, Ch. Lalance, A. Sahler, Conseillers généraux, et de M. Loze, Sous-Préfet. Les Conseils municipaux répondirent à son appel en votant des subventions qui, jointes à celles de la ville et aux souscriptions particulières, permirent de réunir la plus grande partie des fonds nécessaires à la construction projetée. La dépense prévue par M. Jolidon, architecte chargé de la direction des travaux, se montait à 80,000 francs, et les sommes assurées au 14 août 1876 atteignaient 60,000 francs environ. 84 communes étaient intéressées à cette œuvre, soit 62 du Doubs et 22 de la Haute-Saône. L'État, grâce aux démarches de M. Viette, fournit 28,000 francs. La somme prévue a sans doute été dépassée, mais la ville a augmenté sa subvention de ce qui a pu manquer. Notons en passant que M. de Chabaud-Latour eut probablement le premier l'idée du projet, et qu'en tout cas il en fut un des plus ardents promoteurs. Rappelons aussi que M. Ch. Fallot n'a ménagé ni son temps ni sa peine pour le faire aboutir.

Subventions votées par les communes.

CANTON DE MONTBÉLIARD

Montbéliard	Fr. 20.000	Issans	Fr. 500
Aibre	500	Laire	500
Allondans	500	Lougres	200
Bart	500	Présentevillers	700
Bavans	500	Raynans	500
Beutal	100	Saint-Julien	200
Bretigney	50	Sainte-Marie	500
Désandans	600	Sainte-Suzanne	200
Dung	500	Semondans	500
Echenans	100	Le Vernoy	200

CANTON D'AUDINCOURT

Audincourt	Fr.	1.000	Exincourt	Fr.	500
Abbévillers		300	Fesches		400
Allenjoie		350	Grand-Charmont		200
Badevel		200	Mandeure		500
Bethoncourt		500	Nommay		300
Courcelles		300	Sochaux		400
Dambenoit		200	Taillecourt		400
Dampierre-les-Bois		600	Valentigney		700
Dasles		500	Vieux-Charmont		500
Etupes		1.000	Voujaucourt		100

CANTON DE BLAMONT

Blamont	Fr.	250	Meslières	Fr.	40
Autechaux		150	Pierrefontaine		100
Bondeval		150	Roches		100
Dannemarie		15	Seloncourt		500
Ecurcey		100	Thulay		25
Glay		40	Vandoncourt		100
Hérimoncourt		300	Villars-les-Blamont		50

CANTON DE PONT-DE-ROIDE

Colombier-Fontaine . . . . Fr. 150

DÉPARTEMENT DE LA HAUTE-SAONE

Bussurel	Fr.	100	Echenans	Fr.	100
Chagey		100	Etobon		160
Chenebier		50	Héricourt		300
Clairegoutte		300	Luze		50

RÉCAPITULATION

Canton de Montbéliard	. .Fr.	27,350
— Audincourt	. . .	8,950
— Blamont	. . . .	1,920
— Pont-de-Roide	. .	150
Département de la Haute-Saône.		1,160
École-Modèle	. . . . . .	10,000
Ville de Besançon	. . . . .	1,000
Souscriptions particulières	. .	10,000
Subvention de l'État	. . . .	28,000
TOTAL.	. . . .Fr.	88,530

C'est au moyen de ces ressources qu'a pu être construit le local situé rue des Huisselets, dans lequel l'École-Modèle a été transférée le 20 octobre 1880, se trouvant enfin chez elle, dans un édifice en rapport avec son importance.

L'installation de l'École dans le nouveau bâtiment fut le prélude de divers changements non moins importants : le mobilier fut remplacé, le nombre des maîtres et celui des élèves furent augmentés, l'École ayant été officiellement admise dans la grande famille des Écoles Normales de l'État avec les mêmes titres et les mêmes prérogatives que ses aînées.

Comme on le voit par ce qui précède, l'aménagement était terminé, le mobilier remplacé, l'établissement pourvu du matériel nécessaire. C'est à l'époque de cette organisation prospère, qui ne laissait rien à désirer sous le triple rapport de la situation, de l'hygiène et du confortable, que survint l'arrêté du 12 septembre 1890, supprimant la deuxième École Normale du département du Doubs.

Le mobilier usuel et le matériel scientifique appartenant à l'École ont été répartis entre la ville de Montbéliard et l'École Normale de Besançon.

Les bâtiments ont reçu une nouvelle destination, et ont été affectés à une École manuelle d'apprentissage, qui doit sa création à la suppression de l'École-Modèle.

Cette substitution a-t-elle été une compensation suffisante pour la ville, pour les communes environnantes, qui avaient contribué de leurs deniers à l'érection d'un bâtiment pour l'*École-Modèle*, et pour les habitants de toute une région qui tenaient aux instituteurs sortis de leurs rangs?

L'École pratique d'industrie de Montbéliard, telle qu'elle fonctionne aujourd'hui, répond aux vœux de la population industrielle de notre pays. Mais les généreux donateurs, les communes rurales, qui s'étaient imposé de lourds sacrifices dans un but parfaitement défini, auraient-ils maintenu leurs souscriptions s'ils avaient pu prévoir les changements survenus en 1890? Tous avaient voulu contribuer à former des instituteurs et non créer un établissement destiné à préparer un personnel pour les diverses industries de notre région.

CHAPITRE III

La situation financière.

La partie la plus difficile de la tâche de la Commission, et en même temps la plus importante, lors de la fondation de l'École-Modèle, était de réunir les fonds nécessaires à son entretien matériel. Les considérants de l'arrêté ministériel qui en autorise la création s'appuient sur une seule ressource assurée : le Conseil général du Doubs sollicite cette création et en même temps accorde une subvention de mille francs.

Le Règlement général nous indique les ressources qui étaient appelées à concourir au fonctionnement régulier de l'École, et qui ont, en effet, atteint ce but jusqu'à l'application totale de la loi du 10 juin 1881, établissant la gratuité de l'enseignement primaire.

Ces ressources sont les suivantes :

1º Dons et subventions annuels des communes de l'Inspection ecclésiastique de Montbéliard;

2º Allocations annuelles faites par les Conseils généraux du Doubs et de la Haute-Saône;

3º Subventions annuelles accordées par le gouvernement;

4º Produit des collectes et dons particuliers faits à l'établissement;

5º Produit de la rétribution des élèves qui ne se destinent pas à la carrière de l'enseignement.

Telle était la provenance des fonds sur lesquels la Commission pouvait à peu près compter pour établir son budget annuel, mais aucune de ces sommes n'était garantie d'une manière absolue, et les dons d'une année pouvaient faire défaut l'année suivante. Voici, en ce qui concerne les dépenses, le premier budget de l'École tel qu'il fut établi pour l'année 1838 :

I.	Traitement du Directeur . . . . . .Fr.	1.500
II.	— de deux Professeurs à 400 fr. .	800
III.	— du Maître de calligraphie. . .	100
IV.	— du Maître de musique . . .	150
V.	— de deux Maîtres d'étude à 150 fr.	300
VI.	Gages et nourriture de la domestique . .	300
VII.	Loyer de l'École	300
VIII.	Dépenses diverses et imprévues	150
IX.	Nourriture des deux Maîtres d'étude. . .	500
	TOTAL. . . . . .Fr.	4.100

Les sommes allouées ont dû être distribuées avec un soin scrupuleux, surtout dans les premières années. La Commission a eu de nombreuses difficultés à surmonter en recherchant les combinaisons les plus propres à concilier une économie bien entendue avec le fonctionnement régulier des différents services et le succès des études.

Le vin a été introduit dans le régime alimentaire des Élèves-Maîtres en 1855. La question de son usage est agitée à la séance du 28 juillet 1859. La Commission, qui avait précédemment demandé la suppression de cette boisson, a consenti « par déférence pour les prescriptions de l'autorité supérieure » à maintenir le crédit, mais elle regrette l'emploi du vin pour les raisons suivantes :

« Il est à craindre que le vin, bien qu'affaibli, ne produise sur les élèves l'effet d'un excitant trop énergique, et n'exerce sur leur état moral une influence nuisible à la marche de leurs études en développant un excès de vie physique qui reste sans emploi. »

La deuxième raison invoquée peut se résumer ainsi : Les

Élèves-Maîtres ayant contracté l'habitude de boire du vin, lorsqu'ils seront instituteurs cet usage sera pour eux un besoin que leur traitement ne leur permettra de satisfaire qu'au détriment de choses beaucoup plus nécessaires à la vie, ou en compromettant leur situation financière. On conviendra que dans cet ordre d'idées on a parcouru du chemin depuis 1859.

Le troisième argument est basé sur la nécessité de réaliser des économies ou d'augmenter le prix de la pension et celui des bourses. (Voir page 25 les économies réalisées à cette époque.)

Dans la séance du 9 juillet 1861, la Commission s'occupe de nouveau de l'usage du vin. « Cette innovation, dit le rapporteur, parait d'autant moins nécessaire ou plutôt d'autant plus inutile et même dangereuse, qu'elle déroge aux habitudes des familles d'où sortent les élèves, et qu'elle donne à ceux-ci un besoin que le modique traitement attaché à l'exercice de la profession d'instituteur ne leur permettra pas de satisfaire. »

Malgré les vœux formulés par la Commission, l'administration supérieure n'en persista pas moins à rendre obligatoire l'emploi du vin, boisson tout à fait inoffensive puisque la quantité du liquide « affaibli » pouvait être de un tiers de litre, tandis que ceux qui l'absorbaient sans aucun danger n'en recevaient qu'un cinquième de litre par jour.

A partir du 24 février 1870, le registre des délibérations de la Commission est muet pendant cinq années; on n'y trouve aucune trace de réunions, de décisions, de budgets, de changement de local. Dans la première séance qui suivit cette interruption, et qui eut lieu le 26 mai 1875, la Commission s'occupe de certaines réclamations relatives à la nourriture. « M. le Président expose, est-il dit dans le procès-verbal, que le régime alimentaire de l'École est insuffisant et qu'il y a lieu de l'améliorer; en conséquence, la Commission décide qu'il sera donné par jour à chaque Élève-Maître 750 grammes de pain demi-blanc au lieu de 500 grammes, et non compris celui qui est mis dans la soupe, et qu'il sera accordé à chaque Élève-Maître un tiers de litre de vin par jour et 125 grammes de viande cuite et désossée. » Dans la séance du 26 octobre 1881, il a été décidé que chaque Élève recevrait un demi-litre de vin par jour.

Après vingt années d'existence, les ressources de l'École-Modèle ne différaient pas sensiblement, quant à leur provenance, de celles qui figurent dans le premier exercice. Le budget de 1860 se décompose à cet égard de la manière suivante :

    I. Une bourse accordée par le département du Doubs;
    II. Deux bourses entretenues par l'État;
    III. Deux bourses fondées par le département de la Haute-Saône;
    IV. Une bourse entretenue par une société d'encouragement de Paris;
    V. Une bourse fondée par la ville de Montbéliard;
    VI. Pensions et compléments de bourses;
    VII. Une allocation de 100 francs accordée par le département du Doubs pour les dépenses de l'École annexe.

Le montant d'une bourse attribuée à l'École correspond au prix de la pension annuelle complète d'un Élève-Maître non boursier. Ce taux était de :

    300 francs de 1838 à 1862;
    350 francs de 1863 à 1873;
    400 francs de 1874 à 1881.

A partir du 1er octobre 1881, les bourses ont été supprimées ainsi que le prix de la pension des Élèves-Maîtres, conformément à la loi du 16 juin 1881. Toutes les dépenses relatives au fonctionnement de l'École, alors assimilée aux Écoles Normales, ont été mises à la charge de l'État.

Voici le montant des bonis disponibles, tels qu'ils ont été arrêtés par la Commission lors de la vérification des comptes après clôture de chaque exercice.

1838. .Fr. 257 73	1857. .Fr.	2.859 98
1839. . . 1.845 »	1867. . .	6.662 75
1840. . . 1.632 28	1877. . .	10.440 69
1847. . . 614 »	1887. . .	2.887 45

Les comptes de clôture définitive présentés au Conseil d'administration le 26 janvier 1892 par M. Prêtre, ancien Directeur, chargé de la liquidation, et concernant le dernier exercice (janvier à juillet 1890), ont été arrêtés avec un excédent de recettes s'élevant à 5.180 fr. 35.

A diverses époques, une partie des économies réalisées ont été placées en rentes sur l'État, savoir en :

1846. .Fr. 2.000 »	1857. .Fr. 1.000 »
1849. . . 1.500 »	1858. . . 1.500 »
1851. . . 1.000 »	1859. . . 1.487 75
1852. . . 2.000 »	

Il a été placé à la Caisse des dépôts et consignations en :

1864 . . . .Fr. 2.500
1865 . . . . . 2.500
1866 . . . . . 3.300

Lors de la vérification des comptes de l'exercice 1887, la Commission de surveillance a constaté que la valeur active de l'établissement se composait de :

1° Un capital de 6.994 fr. 35, employé précédemment à l'acquisition d'un titre de rente de 294 francs . 6.994 35
2° Une somme de 13.035 fr. 69, acquise à l'École-Modèle à la clôture de l'exercice 1877 . 13.035 69

TOTAL . . . .Fr. 20.030 04

Cette somme de 20.030 fr. 04, relativement importante, prélevée sur les économies et mise en réserve, a été l'un des facteurs qui ont contribué à la construction des nouveaux bâtiments. Le titre de rente de 294 francs a été aliéné et a produit 8.448 fr. 70, qui ont été employés à l'achat d'un nouveau mobilier. Le surplus avait été utilisé pour la construction du local.

Après l'installation de l'École dans les nouveaux bâtiments, en 1880, de nombreuses améliorations s'imposaient ; elles furent opérées sans interruption dans un laps de temps assez restreint, ainsi que l'établit l'énumération suivante :

Années	Nature	Crédit
1881	Mobilier : tables, fourneaux, matériel scientifique . . . . Fr.	7.481 90
1882	Mobilier.	726 46
1883	Harmonium, tableaux, agrès de gymnastique	900 »
—	Reliure de livres, modèles de dessin, armoires	1.666 80
—	Literie	1.200 »
1884	Horloge, literie, mobilier	1.370 »
—	Murs de clôture, salle de dessin, etc.	3.912 50
—	Outils de travail manuel.	1.380 »
1885	Literie, horloge, compendium . . .	1.000 »
1886	Construction d'atelier de travail manuel	3.100 »
—	Outils pour l'atelier	1.100 »
1887	Livres, literie, matériel	366 65
		Fr. 24.204 31

Cette somme de 24.204 fr. 31 se décompose ainsi :

a) Prélèvement sur les fonds de l'École . . 19.203 31
b) Crédits votés par le Conseil général. . . 4.311 »
c) Crédits accordés par l'État . . . . . 690 »

TOTAL ÉGAL. . .Fr. 24.204 31

L'exposé succinct de la situation financière de l'École-Modèle nous montre que le Comité provisoire de 1835 et la Commission de surveillance de 1836 ont fait preuve d'une grande confiance, et en même temps d'un courageuse initiative, qui va presque jusqu'à la témérité. Les Écoles Normales fondées par l'État ont toujours eu, dès leurs débuts, une garantie budgétaire qui en assurait le fonctionnement.

L'École Normale de Courbevoie, qui avait plusieurs points de communs avec celle de Montbéliard, disposait à sa création, en 1846, de ressources annuelles garanties par une Société riche et prospère qui a fourni des bourses à l'École-Modèle jusqu'en 1881.

L'École Normale des Régents, fondée à Lausanne en 1833, reçoit une somme de quinze mille francs votée par le Conseil d'État du canton de Vaud.

A sa création, l'École-Modèle de Montbéliard disposait d'une seule ressource assurée : mille francs votés par le Conseil général du Doubs!

CHAPITRE IV

Les Directeurs.

Par application du Règlement du 26 janvier 1836, l'École-Modèle a été administrée, durant les cinquante-deux années de son existence, par une Commission de surveillance composée de sept membres. La Commission choisit un secrétaire chargé de rédiger les procès-verbaux des séances. Le Directeur a, de tous temps, rempli ces fonctions.

Le personnel de l'École comprend, selon les prescriptions réglementaires :

Un *Directeur* chargé d'une partie des leçons, de la surveillance générale et de la gestion économique de l'École;

Des *professeurs* attachés à l'établissement au nombre de trois, indépendamment des maîtres pris au dehors et qui sont chargés de diverses leçons spéciales.

La direction de l'École-Modèle a été confiée à :

M. Jeanmaire, Officier d'Académie, Chevalier de la Légion d'honneur, pendant douze ans, de 1838 à 1850;

M. Mettetal, Officier d'Académie, pendant vingt-cinq ans, de 1850 à 1875;

M. Prêtre, Officier de l'Instruction publique, pendant quinze ans, de 1875 à 1890.

Par délibération du 17 juillet 1837, la Commission choisit comme Directeur :

M. Jeanmaire (Henri-Charles-Auguste-Frédéric), né à Bavans, le 6 décembre 1810, qui avait acquis l'aptitude pédagogique nécessaire en dirigeant, de concert avec M. Goguel, un pensionnat établi par ce dernier à Strasbourg et que des relations avec M. Mague, ancien Directeur de l'École Normale de cette ville, avaient mis à même de connaître la marche d'un établissement de ce genre, tant sous le rapport de l'organisation matérielle et de la gestion économique que sous celui de l'enseignement et de la discipline. M. Jeanmaire fut nommé le 20 septembre 1837. Son traitement annuel a été, en 1838 et 1839, de 1.500 francs.

A partir du 1er janvier 1840, la Commission administrative dut apporter des modifications dans le personnel et dans la distribution des heures de leçons, par suite de la nomination de M. Jeanmaire comme pasteur de la paroisse de St-Martin. Il conserva la direction de l'École moyennant un traitement de 800 francs. Les leçons qu'il ne put continuer à donner, en raison des occupations nouvelles imposées par son ministère, furent confiées à d'autres professeurs dont le traitement fut payé au moyen des 700 francs dont on diminuait celui du Directeur.

En 1849, les Maîtres de l'École furent accusés de socialisme. Le Comité d'arrondissement, dans une circulaire adressée aux instituteurs de son ressort, blâma certaines conférences publiques, qualifiées d'illégales, et visa dans cette circulaire l'un des professeurs de l'École, M. Pavillard, au sujet d'une conférence d'instituteurs présidée par ce dernier.

M. Jeanmaire ayant donné lecture à la Commission, dans sa séance du 31 mars 1849, de cette circulaire, établit ce qu'elle avait de peu fondé, protesta contre les empiètements du Comité qui s'arrogeait le droit de juger le personnel de l'École-Modèle, et pria la Commission de demander au Recteur l'annulation de la délibération du Comité d'arrondissement. M. Jeanmaire ajouta qu'il se considérait comme solidaire du Professeur visé, dont il connaissait les opinions qui n'étaient nullement dangereuses et dont il partageait la plupart. Il signala les dangers de la situation, s'étant aperçu que l'École était menacée dans son existence même. La Commission de surveillance ne voulut point se prêter aux vues du Directeur, et décida, à la suite de trois longues séances, que le Maître en question serait invité à donner sa démission.

M. Jeanmaire avait énergiquement pris la défense de M. Pavillard, et lorsque celui-ci donna la démission qu'on lui demandait, le Directeur persista à se solidariser avec son subordonné et donna lui-même sa démission (1).

La Commission s'empressa d'accepter les deux démissions, et le 14 janvier 1850, elle était convoquée dans le but de pourvoir aux deux emplois devenus vacants.

Le Président annonce qu'il a porté son attention sur plusieurs personnes et qu'il propose à la Commission « en première ligne M. Charles-Émile Mettetal, qui, sous le triple rapport de l'instruction, de la capacité et des antécédents, semble être à l'abri de toute objection. M. Mettetal est âgé de 26 ans, a été deux ans répétiteur et produit de bons certificats. »

A l'unanimité, M. Mettetal fut nommé Directeur, et prit possession de son poste le 1er avril 1850. Immédiatement après les leçons furent réparties, par semaine, de la façon suivante :

M. Mettetal, Directeur . . . . 42 heures.
M. Maire, Maître-adjoint. . . . . . . 43 —
M. Tuetey, Pasteur . . . . 8 —
M. Stanislas Bartosewski, Maître de chant . 14 —
Leçons prises au collège, chimie et physique. 4 —

Les leçons faites par le Directeur étaient celles de :
Géométrie, français, arithmétique, mécanique, histoire naturelle, dessin, méthode, pédagogie, état-civil.

---

(1) M. Henri Jeanmaire, ancien Directeur de l'École-Modèle, Pasteur de l'église Saint-Martin, Président honoraire du Consistoire de Montbéliard, est décédé le 5 août 1885. Il était Officier d'Académie et Chevalier de la Légion d'honneur.

En 1870, M. Mettetal ayant réuni à ses fonctions de Directeur de l'École celles de Principal du collège vint avec les Élèves-Maîtres s'installer rue Cuvier. L'internat du collège fut également installé au même bâtiment. M. Mettetal conserva ses doubles fonctions jusqu'en 1873, époque à laquelle il abandonna le principalat pour se consacrer de nouveau exclusivement à l'École-Modèle.

En 1875, sa santé qui jusqu'alors avait été excellente s'altéra rapidement, et le 14 mai de la même année, il succomba à une congestion cérébrale. Comme M. Jeanmaire, son prédécesseur, il a laissé le souvenir d'un homme de bien, profondément attaché à ses devoirs qu'il a remplis avec un dévouement, auquel je suis heureux de rendre hommage. M. Mettetal était Officier d'Académie depuis 1869. Son traitement comme Directeur a été de :

1.400 francs en 1850	1.800 francs en 1864
1.700 — en 1851	2.400 — en 1865

A la suite du décès de M. Mettetal, M. Prêtre, Maître-adjoint à l'École-Modèle fut chargé de la direction par intérim le 20 mai 1875, puis nommé Directeur à titre définitif le 25 août de la même année.

M. Prêtre (Alexandre-Georges-Louis) est né à Présentevillers le 16 mars 1846. Ancien Élève-Maître de l'École-Modèle de 1863 à 1866, il exerça successivement les fonctions suivantes : Instituteur public à Montredon (Tarn), de 1867 à 1868 ; Maître d'étude à l'École professionnelle de Mulhouse, de 1868 à 1871 ; Directeur des cours primaires, 1re division, lycée de Nevers, en 1871 ; Maître-adjoint à l'École-Modèle de Montbéliard, de 1871 à 1875.

A la mort de M. Mettetal, des propositions furent faites à M. Prêtre pour l'engager à poser sa candidature à la direction de l'École-Modèle. M. Prêtre n'ignorait pas que ses études ne l'avaient qu'insuffisamment préparé à cet emploi, que pour être à la hauteur de sa tâche, il serait obligé de se livrer à des travaux incessants et fatigants. Il connaissait à fond la situation de l'établissement sous tous les points de vue. Il savait aussi que si l'École avait traversé, sans succomber, des époques critiques, il n'était nullement établi qu'elle fût à l'abri de nouveaux dangers dans l'avenir. Une telle perspective était peu encourageante. En acceptant, M. Prêtre assumait une grande responsabilité; mais il était animé de la volonté bien arrêtée de ne pas permettre à l'École-Modèle de péricliter entre ses mains.

M. Prêtre est probablement le seul des Directeurs d'Écoles Normales qui soit parvenu à cette position sans aucune autre étude que celle d'un élève-maître. Néanmoins, l'établissement a subi, durant les quinze années qu'il a été placé sous sa direction, des transformations si importantes qu'il eût été impossible même de les prévoir. Citons-en quelques-unes :

Dès 1875, il a été introduit dans le régime alimentaire de l'établissement d'importantes améliorations, alors même que M. Prêtre n'était encore que Directeur intérimaire.

En 1876 eurent lieu les premières délibérations relatives à la construction de nouveaux bâtiments destinés à procurer le confortable et, par suite, à consolider l'existence de l'École.

En 1880, le nouveau local était terminé et habité, l'ancien mobilier, incomplet, incommode et vieilli, était remplacé en peu de temps, et la situation financière de l'École était satisfaisante malgré les charges extraordinaires qu'elle avait dû supporter. Dès l'année 1880, elle devenait propriétaire de l'immeuble auquel, un peu plus tard, fut adjoint un atelier de travail manuel.

En 1881, l'École-Modèle après avoir assuré son existence matérielle, recevait une consécration nouvelle par son assimilation complète aux autres Écoles Normales. Cette nouvelle situation amena d'autres changements non moins heureux.

La gratuité put être introduite dans le régime alimentaire de l'établissement.

L'École-Modèle protestante, établissement confessionnel, en recevant des pouvoirs publics le titre officiel d'École Normale devenait un établissement public laïque quant aux maîtres, aux élèves et à l'enseignement.

Le nombre des maîtres fut considérablement augmenté, ainsi que le nombre des élèves; les programmes furent mis en rapport avec la nouvelle organisation et les études eurent dès lors pour but l'obtention du brevet supérieur.

Ces nombreuses améliorations, les succès obtenus, sont dus en grande partie à l'activité, au zèle et au dévouement du Directeur, à l'opiniâtreté qu'il a mise, par un labeur constant et au détriment de sa santé, à vouloir élever l'École Normale de Montbéliard à la hauteur des établissements similaires, et à suivre les évolutions qui se préparaient dans l'enseignement.

La deuxième École normale du département du Doubs a été fusionnée avec la première en 1890. M. Prêtre a été en congé du 1er octobre 1890 au 16 mars 1891. A cette dernière date, il a été admis à faire valoir ses droits à une pension de retraite, et nommé Directeur honoraire d'École Normale. M. Prêtre a été nommé Officier d'Académie en 1879 et Officier de l'Instruction publique en 1889. Son traitement comme Directeur a été de :

      2.400 francs de 1876 à 1878;
      3.000   —   de 1879 à 1881;
      4.000   —   de 1882 à 1886;
      4.500   —   de 1887 à 1890.

CHAPITRE V

Les Maîtres internes.

Lors de la fondation de l'École-Modèle, il avait été arrêté que trois Professeurs étaient nécessaires pour assurer aux études une marche régulière et progressive. Toutefois, malgré ces prescriptions du Règlement, le nombre des Maîtres a varié selon les besoins du service et les ressources pécuniaires dont la Commission ne pouvait disposer qu'avec la plus grande réserve. Aussi, dès les débuts, deux Maîtres-adjoints seulement furent directement attachés à l'École.

Le titre de premier *Maître-adjoint*, ou simplement Maître-adjoint, s'applique, de 1838 à 1881, à un instituteur chargé de seconder le Directeur, et de donner, avec lui, dans un ordre déterminé, les leçons aux Élèves-Maîtres.

Le *Maître d'étude* est un instituteur, ou quelquefois un Élève-maître, chargé de la surveillance de l'établissement.

Le deuxième *Maître-adjoint* est un instituteur chargé de la de la direction de l'École annexe et d'une partie de la surveillance.

Jusqu'à l'année 1881, la Commission devait elle-même assurer le recrutement du personnel de l'École; les Maîtres qu'elle proposait de nommer étaient toujours pris parmi les anciens élèves. Le choix se portait généralement sur ceux qui avaient mérité la confiance de leurs supérieurs par leur conduite, leur application et les heureuses dispositions intellectuelles dont ils étaient doués. A partir de 1881, les Maîtres et Professeurs sont tous nommés par le Ministre, comme ceux des autres Écoles Normales, sans être choisis parmi les anciens élèves.

a) Les Maîtres-adjoints.

M. Marchal, ancien élève de l'École Normale de Strasbourg, fut le premier Maître-adjoint; c'est lui qui partagea avec M. Jeanmaire la tâche difficile d'organiser l'École-Modèle à sa fondation.

M. Pavillard, son successeur immédiat, est celui des Maîtres qui est demeuré le plus longtemps attaché à l'établissement : il a exercé ses fonctions pendant dix ans. Lors de l'intervention du Comité d'arrondissement dans la question d'une conférence présidée en 1849 par M. Pavillard, celui-ci dut se démettre de ses fonctions. (Voir page 31 les incidents qui précédèrent sa démission.)

Au départ de M. Jeanmaire et de M. Pavillard, la Commission procéda, par esprit d'économie, à une nouvelle répartition des heures de travail. M. Maire était alors Maître de l'École pratique, il fut nommé, en 1850, Maître-adjoint, tout en conservant les fonctions dont il était déjà investi. M. Nardin puis M. Pochard cumulèrent également les fonctions de Maître-adjoint et de Maître de l'école pratique.

Le 6 avril 1850, le Ministre créa, à l'École-Modèle, un nouveau poste de Maître-adjoint chargé de l'enseignement religieux aux appointements de 500 francs (l'unique Maître-adjoint à cette date était au traitement de 400 francs); la Commission refusa de sanctionner l'arrêté ministériel qui n'eut aucune suite.

En 1853, le Recteur réclama la création d'un nouveau poste de Maître-adjoint. Cette proposition ne fut pas acceptée par la Commission. Mais l'année suivante, elle reconnut la nécessité de revenir à l'ancienne organisation et d'avoir deux Maîtres-adjoints. M. Pochard fut alors déchargé de toutes les leçons aux Élèves-Maîtres, ne conserva que la direction de l'École annexe et M. Carray fut nommé premier Maître-adjoint.

Les deux Maîtres internes étaient logés et nourris par l'établissement; ils prenaient leurs repas avec les Élèves-Maîtres; ils jouissaient d'un traitement fixé par la Commission et qui s'élevait à :

> 300 francs de 1838 à 1840;
> 400 francs de 1841 à 1850;
> 500 francs de 1851 à 1853;
> 600 francs de 1854 à 1856;
> 750 francs de 1857 à 1860;
> 875 francs de 1861 à 1863;
> 950 francs de 1864 à 1871;
> 1.000 francs de 1872 à 1878;
> 1.200 francs de 1879 à 1882.

Les Maîtres-adjoints de l'École-Modèle de 1838 a 1881.

MM.

1838-1839 Marchal (Henri), Instituteur à Montécheroux.
1839-1850 Pavillard (Pierre), de Semondans, Élève-Maître sortant.
1850-1851 Maire (Frédéric), de Tremoins, Maître de l'École pratique.
1851-1853 Nardin (Pierre), de Vieux-Charmont, Instituteur à Beutal.
1853-1854 Pochard (Jules), du Magny d'Anigon, Instituteur à Paris.
1854-1860 Carray (Georges), O. A., de Courcelles, Instituteur à Thulay.

1860-1861 Bainier (Pierre), O. I., de St-Julien, Maître de l'École pratique.
1861-1865 Louys (Frédéric), de Pierrefontaine, Élève-Maître sortant.
1865-1871 Caillods (Henri), O. I., de Bussurel, précepteur à Hérimoncourt.
1871-1875 Prêtre (Louis), O. I., de Présentevillers, Directeur des cours préparatoires au Lycée de Nevers.
1875-1881 Mauveaux (Louis), de Grand-Charmont, Instituteur à Lyon.
1881-1883 Barbier (Frédéric), de Colombier-Fontaine.

b) Les Professeurs et Délégués.

Le personnel de l'École-Modèle était composé, en 1881, du Directeur, d'un Maître-adjoint et du Directeur de l'École annexe. Lorsque l'établissement est devenu École Normale, son personnel a été augmenté, et les traitements ont été régularisés conformément à la nouvelle législation. Ces traitements sont différents suivant la classe à laquelle appartient le fonctionnaire ; ils sont plus élevés pour le Professeur que pour le Maître-adjoint délégué. On donne le nom de Professeur au fonctionnaire pourvu du certificat d'aptitude au professorat des Écoles Normales, sinon il est désigné sous le nom de Maître-adjoint délégué ou simplement Délégué. Il y a deux catégories de Professeurs ou de Délégués : ceux de l'ordre des lettres et ceux de l'ordre des sciences.

De plus, l'École a été pourvue d'un Économe chargé spécialement de la gestion économique de l'établissement, fonction qui jusqu'alors avait été confiée au Directeur.

De 1882 à 1890, le personnel de l'École a été composé du

Directeur, de l'Économe, du Directeur de l'École annexe et, outre les Professeurs externes, de :

> 2 professeurs en 1882 ;
> 3 — en 1883 ;
> 4 — de 1884 à 1890.

Les Professeurs ou Délégués de l'École-Modèle, de 1882 à 1890.

1° Ordre des sciences.

MM.

1881-1886 Barbe (Hubert), Maître-adjoint délégué, puis Professeur.
1882-1886 Mergier (Pierre), Maître-adjoint délégué, puis Professeur, Maître surveillant.
1884-1890 Girardin (Jules), Maître-adjoint délégué, chargé du dessin et du travail manuel.
1886-1888 Paintendre (Simon), O. A., Professeur.
1887-1890 Bouyer (Pierre), Maître-adjoint délégué.
1888-1890 Millerot (Adolphe), Maître-adjoint délégué, puis Professeur.

2° Ordre des lettres.

MM.

1883-1886 Dalmasse (Alexandre), Professeur.
1886-1887 Evrard (Eugène), Professeur.
1886-1889 Faivre (François), Maître-adjoint délégué.
1889-1890 Collotte (Henri), Maître-adjoint délégué, Maître surveillant.

3° Économes.

MM.
1881-1886 Mauveaux (Louis), Maître-adjoint délégué, lettres.
1886-1887 Barbe (Hubert), Professeur, sciences.
1887-1890 Berte (Eugène), Maître-adjoint délégué, lettres.

c) Les Maîtres d'étude.

Il avait été créé, à la fondation de l'École-Modèle, un poste de Maître d'étude, au traitement de 300 francs, et dont le rôle était de surveiller les élèves sans faire aucune leçon. On choisissait pour cette place ceux des Élèves-Maîtres qui venaient de terminer le cours normal de leurs études. M. Friess reçut 400 francs ayant été chargé temporairement des leçons de calligraphie. En 1840, il quitta la surveillance ayant été appelé à tenir les livres et la comptabilité de l'École. La calligraphie fut confiée à M. Pavillard, premier Maître-adjoint, et les traitements furent ramenés au taux réglementaire.

Le 29 décembre 1846, la Commission de surveillance décida que la durée des études serait portée à trois ans. Par esprit d'économie, le poste de Maître d'étude serait supprimé, parce qu'alors les Élèves-Maîtres de troisième année seraient chargés de la surveillance à tour de rôle. L'application de la seconde partie de la délibération, suppression d'un emploi, était subordonnée à l'approbation de la première, durée des études portée à trois ans. Le Ministre s'opposa à l'établissement du cours triennal, mais il supprima le poste de Maître d'étude. Néanmoins M. Roland continua à exercer les fonctions de Maître d'étude jusqu'à la fin de l'année scolaire, et fut remplacé par M. Vaisseau. Le cours triennal des études ayant été établi le 27 septembre 1847, les Élèves-Maîtres de troisième année furent alors chargés de la surveillance, et le poste de Maître d'étude fut supprimé.

Les Maîtres d'étude de l'École Modèle de 1838 a 1847.

MM.
1838 Steffner.
1839 Friess.
1840 Gaillard (Frédéric), de Raynans, Élève-Maître sortant.
1840 Mettetal (Pierre), de Glay, —
1842 Amstutz (Christophe), de Villars, —
1842 Jacques (Frédéric), du Magny-d'Anigon, —
1842 Maire (Frédéric), de Tremoins, —
1844 Pavillard (Frédéric), de Semondans.
1845 Roland-Piègue (Jacques), de Pierrefontaine, —
1846 Vaisseau (Jean-Georges), d'Allondans. —

CHAPITRE VI

Les Maîtres de l'École pratique.

La création d'une École pratique avait été admise en principe dès l'ouverture de l'École-Modèle; des motifs d'ordre matériel en avaient retardé l'établissement. Dans sa séance du 10 décembre 1839, la Commission de surveillance décida que la salle destinée à cet usage serait mise en adjudication en 1840, et que le Directeur de l'établissement, M. Jeanmaire, s'en rendrait adjudicataire. Les travaux d'appropriation commencèrent immédiatement.

Le 23 janvier 1840, des pourparlers furent engagés dans le but d'organiser des cours du soir à l'École-Modèle, pour les enfants pauvres de la paroisse de St-Martin. Le Conseil de fabrique offrait une gratification de 300 francs pour cet objet. Il fut décidé que le Maître de l'École pratique serait chargé de ces leçons supplémentaires, qui auraient lieu cinq fois par semaine, de huit heures à dix heures du soir, à partir de la rentrée d'automne.

L'École pratique et le cours du soir furent ouverts simultanément le 19 octobre 1840, dans une des salles du Château. Elle fut transférée le 1er novembre suivant dans l'immeuble de la Place Saint-Martin qu'elle occupa jusqu'au 20 octobre 1880, date de son installation dans l'édifice construit à la rue des Huisselets.

« L'École d'application, est-il dit dans le compte-rendu de la séance de la Commission du 2 octobre 1840, sera ouverte gratuitement à tous les enfants de la ville, à partir du 19 octobre courant. Toutefois les parents qui jugeront à propos de donner une rétribution, pourront le faire à volonté. » — Ainsi, dès l'année 1840, la Commission de surveillance ouvre, au sein de l'École-Modèle, un cours du soir gratuit pour les jeunes gens pauvres de la ville. Elle établit virtuellement :

1° La gratuité de l'enseignement primaire, en ouvrant les portes de l'École pratique sans exiger aucune rétribution, accordant cependant aux parents le droit de payer s'ils le jugent à propos;

2° La laïcité de l'enseignement primaire en admettant dans cette École tous les enfants de la ville sans aucune distinction de culte.

Cette décision, que nous rappelons ici avec une légitime satisfaction, était évidemment prématurée; mais nous devons la signaler, elle fait honneur à la Commission de 1840. Il était réservé à la troisième République de préparer les esprits à la gratuité complète et à la laïcisation de l'instruction des enfants du peuple et de l'inscrire dans nos lois.

La gratuité de l'École pratique ne pouvait durer bien longtemps, ayant été établie avant son heure. Nous constatons, en effet, que dans la séance de la Commission du 16 janvier 1847, il est établi que la rétribution des élèves de l'École annexe pour l'année 1846 s'élève à la somme de 124 fr. 50. Le 7 juin 1852, il reste dû, sur la rétribution mensuelle pour les années :

1847.	. 213 francs	1850.	. 588 francs
1848.	. 397 —	1851.	. 598 —
1849.	. 50 —		

De 1846 à 1870, la rétribution due par les élèves est fixée à un franc par mois; — de 1871 à 1881, elle est fixée à deux francs. En 1867, quatre élèves sont admis à titre de non payants; en 1869, deux élèves sont dans le même cas. — La rétribution scolaire a été supprimée depuis 1882, conformément à la loi du 16 juin 1881.

Le Maître de l'École pratique est un instituteur chargé de la direction de l'École publique annexée à l'École-Modèle. Il a en même temps pour mission d'imprimer une marche régulière et méthodique aux leçons faites par les Élèves-Maîtres, de coordonner tous les exercices scolaires de telle manière que son école puisse servir de modèle. Il doit surtout s'efforcer d'initier les futurs instituteurs, par son exemple et ses principes pédagogiques, à la pratique rationnelle de l'enseignement primaire.

Lorsque le poste de Maître d'étude fut supprimé, en 1847, la surveillance des Élèves-Maîtres fut confiée alternativement au Maître-adjoint et au Maître de l'École pratique, qui prenaient leur service au commencement de chaque semaine. La dénomination de Maître de l'École pratique, qui avait été adoptée à l'origine, fut remplacée, au bout de quelques années, par le titre de deuxième Maître-adjoint, qui fit place lui-même à celui de Directeur de l'École annexe.

Jusqu'en 1847, le personnel de l'École-Modèle avait été composé de trois Maîtres, de 1847 à 1850 de deux seulement. Au départ de M. Pavillard, les heures de service confiées à ce Maître furent réparties entre le Directeur et le Maître de l'École pratique, qui conserva néanmoins ses anciennes fonctions. M. Maire, l'unique Maître-adjoint, fut chargé de 43 heures de leçons par semaine, savoir :

        Géographie . . 4 heures
        Calligraphie . . 6 —
        École annexe. . 33 —

Cet état de choses, préjudiciable à la prospérité de l'établissement et qui imposait un surmenage incessant à M. Mettetal et à M. Maire, dura jusqu'en 1854. A cette date, le poste de premier Maître-adjoint ayant été rétabli, le Maître de l'École pratique fut exclusivement chargé des leçons à l'École annexe.

Le traitement du deuxième Maître-adjoint, fixé d'abord à 300 francs, subit, comme ceux de tout le personnel de l'établissement, des augmentations successives, justifiées par les modifications survenues dans le régime économique. Ce traitement était de :

1838-1845.	300 francs	1864-1877.	950 francs
1846 . .	400 —	1878 . .	1.000 —
		1879-1882.	1.200 —
		1883-1888.	2.200 —
1855-1863.	875 —	1889-1890.	2.500 —

Les Maîtres de l'École pratique, de 1840 a 1890.

MM.

1840-1841 Burnier (Jean), de Blamont, Élève-Maître sortant.
1841-1846 Mettetal (Pierre), de Glay, —
1846-1851 Maire (Frédéric), de Tremoins, Maître d'étude.
1851-1853 Nardin (Pierre), de Vieux-Charmont, Instituteur à Beutal.
1853-1856 Pochard (Jules), du Magny-d'Anigon, Instituteur à Paris.
1856-1860 Bainier (Pierre), O. I., de St-Julien, Instituteur à Semondans.
1860-1866 Mettey (Eugène), O. I., de Présentevillers, Instituteur à Arbouans.
1866-1872 Métin (Charles), de Raynans.
1872-1874 Monnin (Eugène), d'Abbévillers, Instituteur à Lougres.
1874-1875 Duvernoy (Émile), du Vernoy, Instituteur à Blussangeaux.
1875-1876 Bataille (Louis), de Mandeure, Instituteur à Montécheroux.
1876-1890 Veuillequez (Louis), O. A., de Bavans, Instituteur à Paris.

CHAPITRE VII

Les Professeurs auxiliaires externes.
Médecins et gens de service.

Les matières d'enseignement les plus importantes entraient dans les attributions du Directeur et des Maîtres internes, mais un certain nombre de leçons, qui exigent des dons et des aptitudes particulières, ont été données par des professeurs du dehors.

M. BELEY, Professeur au collège de Montbéliard, a été chargé pendant dix ans, de 1840 à 1850, du cours de *mathématiques*, avec un traitement annuel de 400 francs pour huit heures de leçons par semaine. A la répartition des services, lors de la nomination de M. Mettetal comme Directeur, M. Beley cessa ses fonctions. Les Élèves se rendirent, pendant un certain temps, au collège pour prendre les leçons de chimie et de physique.

M. TUETEY, Pasteur à Montbéliard, aumônier de l'établissement, a été chargé de l'enseignement de l'*histoire* de 1850 à 1856.

M. BANZET, Pasteur à Bussurel, a fait des leçons d'*agriculture* en 1852 et 1853.

M. MEUNIER, O. I, Professeur au collège de la ville, a été chargé du cours de *sciences physiques et naturelles*, du 15 octobre 1875 au 1er octobre 1883.

M. GROS, Sous-Préfet de Montbéliard, a été chargé du cours d'*instruction civique*, du 18 mars 1881 à la fin de l'année scolaire.

M. Cuvier (Théodore) a été chargé du cours de *dessin* et de *modelage*, du 20 mars au 25 juillet 1883.

M. Barbier (Émile) a été chargé du cours de *dessin* et de *modelage* du 16 novembre 1883 au 1ᵉʳ février 1884.

Les leçons de *chant* et de *musique instrumentale* ont eu lieu par les soins de professeurs spéciaux aux conditions suivantes:

MM.

1840-1842	Bédeville, chant, au traitement de	Fr.	200
1843-1866	— piano, —		200
1843-1858	Bartosewski (Stanislas), chant, au trait' de		200
1859-1865	— — —		400
1866-1868	— chant et piano —		500
1869-1872	— — —		660
1872-1880	Bédeville (Georges), chant et harmonium		660
1880-1889	Roux (Francis) —		660
1889-1890	Roux (Édouard) —		660

En 1842, une somme de 300 francs fut votée comme frais de première installation, de voyage et de séjour en faveur de M. Clias, autorisé par le Ministre à appliquer, dans les Écoles Normales, sa méthode de *gymnastique*. La Commission fit ensuite construire un hangar dont les dépenses s'élevèrent à mille francs, la moitié de cette somme fut payée par la ville. M. Clias appliqua sa méthode en 1842 et 1843, et après son départ, ce sont les Élèves-Maîtres les plus avancés qui enseignèrent les exercices à leurs camarades. Au bout de trois ans, la gymnastique fut complètement délaissée. En 1868, un Maître externe fut désigné pour donner cet enseignement d'une façon régulière et méthodique. Les Professeurs de gymnastique, dont les appointements étaient de 300 francs par an, sont:

MM.

1868-1871 Chaulier.
1871-1872 Mazimann.

1872-1876   Vœlcklen.
1876-1878   Devaux (Jules).
1878-1880   Corne (Jules).
1880-1881   Descharme (Nicolas).
1881-1882   Thuaillon.
1882   Cordier.
1882-1884   Badier (Georges).
1884-1885   Surdiand (François).
1885-1886   Godard (Léon).
1886-1887   Bontrond (Antoine).
1887-1889   Bouyer (Pierre), Professeur de sciences.
1889-1890   Girardin (Jules), Professeur de sciences.

Une épreuve de langues vivantes ayant été inscrite aux programmes du brevet supérieur, l'enseignement de *l'allemand* fut organisé à l'École Normale en 1886, par les soins de M. Lehr (Philippe), qui enseigna la langue allemande du 9 juin 1886 au 10 janvier 1887. Il eut pour successeur M. Mennel (Alfred), qui resta en fonctions jusqu'à la suppression de l'École. MM. Lehr et Mennel étaient Professeurs au collège Cuvier. Le traitement du Professeur d'allemand a été de 900 francs de 1886 à 1889, et de 1,050 francs en 1890.

M. Jeanmaire, Directeur de l'École-Modèle, fut chargé de *l'instruction religieuse* des Élèves-Maîtres de 1838 à 1850. Aussitôt après son départ, le cours d'enseignement religieux fut confié à un aumônier dont le traitement n'a pas varié de 1850 à 1882, et qui s'élevait à 350 francs par an.

Les pasteurs chargés des leçons religieuses sont :
MM. Tuetey, de 1850 à 1856;
Surleau, de 1856 à 1876;
Perdrizet, de 1876 à 1882.

Depuis la création de l'École jusqu'en 1882, les Élèves-Maîtres ont assisté, sous la surveillance d'un Maître-adjoint, à un service religieux célébré avant midi dans l'un des temples de la ville. En 1882, l'École ayant perdu son caractère confessionnel, le poste d'aumônier a été supprimé, et depuis la même année, les Élèves-Maîtres n'ont plus été astreints à assister aux offices religieux.

Un docteur en médecine a été désigné par la Commission, dès l'année 1838, pour donner les *soins médicaux* en cas de maladie. Ces soins, ainsi que les médicaments, étaient fournis gratuitement aux Élèves. L'état sanitaire de l'établissement a d'ailleurs toujours été satisfaisant, grâce aux précautions hygiéniques prises à cet égard. Les honoraires alloués aux docteurs de l'établissement ont été de :

25 francs, de 1842 à 1862;	100 francs, de 1876 à 1883;
50 — de 1863 à 1875;	200 — de 1884 à 1890.

Les médecins choisis par la Commission ont été :

MM. Oustalet, de 1838 à 1862;
    Cucuel, de 1862 à 1879;
    Beurnier, O. A., Chevalier de la Légion d'honneur, de 1879 à 1890.

Les gages de la cuisinière de l'École étaient payés, pendant les premières années, par les Élèves-Maîtres, au moyen d'une cotisation égale pour tous; mais elle devait pourvoir elle-même à sa nourriture et à son logement en dehors de l'École. En 1848, ses gages étaient fixés à 220 francs. Peu après, elle fut logée et nourrie par l'établissement; ses gages ont été ainsi réglés :

180 francs, de 1842 à 1857;	350 francs, de 1880 à 1881;
192 — de 1858 à 1861;	400 — en 1882;
216 — de 1862 à 1874;	450 — de 1883 à 1890.
300 — de 1875 à 1879;	

En raison de l'importance des nouveaux bâtiments, la Commission de surveillance reconnut, en 1880, que divers services accessoires ne pouvaient plus être confiés à la cuisinière; un domestique fut chargé du service intérieur à partir du 1er octobre 1880. Ce dernier était également logé et nourri; son salaire a été de 400 francs, de 1880 à 1883, et de 450 francs de 1884 à 1890.

CHAPITRE VIII

Les Élèves-Maîtres.

Le régime adopté, lors de la fondation de l'École-Modèle, est l'internat. En dehors des vacances réglementaires, les Élèves ne peuvent se rendre dans leurs familles que dans les cas de nécessité absolue. Des promenades collectives ont lieu, sous la direction d'un Maître-adjoint, les dimanches et les jeudis après-midi (1). A partir de l'année 1885, les Élèves ont pu se rendre dans leurs familles le dimanche, à condition d'avoir mérité, durant la semaine, une note moyenne qui permette de leur accorder cette faveur.

Dès l'origine, les Élèves-Maîtres ont fourni leur literie, leur linge; ils devaient apporter un coffre fermant à clef pour serrer leurs effets, ainsi que différents objets tels que : couvert en fer étamé, pot à eau, verre, etc. Ils étaient nourris par l'établissement et prenaient leurs repas en commun, tous devaient y contribuer également, soit en denrées soit en argent, le contingent de chacun était fixé par le Directeur. Ce procédé mixte, consenti dans le but de faciliter le règlement de la pension aux familles rurales généralement peu fortunées, présentait de sérieux inconvénients et n'a duré que peu d'années. Les Élèves faisaient blanchir leur

---

(1) M. Gauthey, pédagogue distingué, fonda les Écoles Normales des Régents et des Régentes, à Lausanne, en 1833; il s'opposa à l'établissement de l'internat dont il n'était pas partisan. Appelé à Courbevoie en 1846 pour la création d'une École Normale d'instituteurs, il dut accepter l'internat qui s'imposait pour des motifs d'ordre supérieur. Mais à Courbevoie, les Élèves-Maîtres ont toujours disposé librement de leurs jours de congé. Les Maîtres s'efforçaient de développer chez les Élèves le sentiment de la dignité, de l'amour du devoir, et de la responsabilité, qui était une conséquence de la liberté dont ils jouissaient.

linge par leurs parents ou par une blanchisseuse désignée par le Directeur de l'École.

Pour être admis, les candidats devaient être âgés de seize ans au minimum et de vingt-cinq ans au maximum, et prendre part à un concours qui avait lieu chaque année au mois d'août. Le programme de ce concours était arrêté par la Commission administrative; il comprenait d'abord :

    L'Instruction morale et religieuse;
    La Lecture et l'Écriture;
    Les éléments de l'Arithmétique;
    L'Orthographe.

Ce programme a été l'objet de diverses additions, notamment lorsque les programmes des Écoles Normales ont été modifiés conformément au décret du 22 janvier 1881.

Le premier examen d'entrée eut lieu le 18 décembre 1837, et l'entrée à l'École, pour les douze Élèves de la première promotion, fut fixée au 2 janvier 1838.

Les Élèves étaient divisés en deux catégories :

1° Les Élèves-Maîtres, qui se destinaient à la carrière de l'enseignement et contractaient l'engagement de se vouer pendant dix ans à cette carrière;

2° Les Élèves libres qui n'étaient pas tenus d'embrasser la carrière de l'enseignement et qui n'étaient pas, comme les Élèves-Maîtres, astreints à la durée réglementaire des études.

Les Élèves-Maîtres recevaient l'instruction gratuitement. En cas de rupture de leur engagement décennal, ils devaient rembourser la rétribution qu'ils auraient dû payer comme élèves libres; ils devaient, en outre, satisfaire aux obligations militaires dont ils avaient été dispensés en vertu du dit engagement. Le prix de la pension fut fixé par la Commission de surveillance (voir page 24). Depuis la création de l'École jusqu'à l'application de la loi de 1881 relative à la gratuité de l'enseignement primaire, la plupart des Élèves-Maîtres ont été boursiers; l'attribution d'une fraction de bourse ou d'une bourse entière était subordonnée à la conduite et au travail des élèves, en ayant égard à la position de fortune des parents.

Les élèves libres devaient acquitter une rétribution pour les leçons qu'ils recevaient; ils payaient la pension intégralement. L'admission d'élèves libres s'explique jusqu'à un certain point durant les premières années de l'institution; mais lorsque l'utilité de l'École fut nettement établie aux yeux des populations, lorsque son recrutement fut assuré d'une façon régulière et durable, la Commission pensa que le but à atteindre était exclusivement de former des instituteurs pour la région et il ne fut plus admis d'élèves libres. De 1838 à 1846, la durée normale des études a été de deux années, conformément au Règlement général; plusieurs Élèves-Maîtres ont été autorisés à prolonger d'une année leur séjour à l'École. Depuis 1847 la durée des études a été de trois ans.

Des cours spéciaux ont été organisés, dès 1838, pendant les mois de juillet et août, pour les instituteurs déjà en exercice. La plupart d'entre eux n'avaient fait aucune étude en vue de leur profession. Ils avaient été admis dans le poste qu'ils occupaient par un Comité local peu lettré lui-même et par suite peu exigeant; une belle voix et une belle main, le *chant religieux*, la *lecture* et l'*écriture*, tel était le bagage scientifique, littéraire et pédagogique que devait posséder le candidat au poste de maître d'école avant la création de l'École-Modèle. L'ouverture des cours spéciaux arrivait à son heure et fut bien accueillie parce que ces cours répondaient à un impérieux besoin. Aussi les maîtres déjà en exercice se présentèrent aussitôt pour acquérir les connaissances les plus indispensables et surtout dans le but d'être initiés à certains procédés pédagogiques qui leur faisaient complètement défaut. Les cours étaient faits par les Maîtres de l'École et par des professeurs occasionnels; ils avaient lieu cinq jours par semaine; les assistants fournissaient leur literie et versaient vingt francs pour les deux mois de cours. La Commission fixait chaque année le nombre des auditeurs et désignait elle-même ceux qui seraient admis. Ces cours durèrent environ dix ans, avec un nombre moyen de dix instituteurs chaque année.

De 1838 à 1850, l'enseignement a été donné conformément à la loi de 1833. La loi Falloux fut votée en 1850 malgré les efforts tentés contre son adoption par Victor Hugo, Michelet et Edgar Quinet. Aussitôt après la promulgation de cette loi, les programmes d'enseignement à l'École-Modèle subirent une transformation qui fut suivie d'une véritable décadence dans les études. Toutes les matières furent ramenées à leurs plus simples éléments : ainsi le français était réduit aux éléments de la grammaire de Lhomond, la géométrie à quelques notions d'arpentage, la chimie aux éléments appliqués à l'industrie, et ainsi de suite.

Les Élèves de première et de seconde année ont dû, dès l'année 1850, rédiger le compte rendu des sermons qu'ils entendaient chaque dimanche. A tour de rôle, ils présentaient aux fidèles, à l'issue de chaque office, aux portes du temple, les aumônières destinées à recevoir les offrandes pour œuvres religieuses.

Les tendances de l'époque sont d'ailleurs caractéristiques. Le Ministre crée, à l'École-Modèle, en 1850, un poste de Maître-adjoint pour l'enseignement religieux (voir page 36). En 1852, les instituteurs reçoivent une circulaire relative à leurs devoirs de chrétiens et au repos du dimanche; puis une seconde circulaire qui rappelle l'obligation, pour les élèves des écoles primaires, d'assister, sous la surveillance du maître, à tous les offices religieux.

A la suite du coup d'État du 2 décembre, les Élèves

Maîtres furent conduits sur la Place St-Martin, devant l'Hôtel-de-Ville, pour entendre lecture des proclamations officielles et pour acclamer l'empire.

Durant la plus grande partie de son existence, l'École-Modèle eut pour but la préparation au brevet élémentaire et au brevet supérieur, ce dernier diplôme ne fut accessible pendant longtemps qu'aux Élèves d'élite. A partir de l'année 1888, l'entrée à l'École Normale fut subordonnée à la possession du brevet élémentaire ; depuis plusieurs années le but des études était d'amener tous les Élèves-Maîtres à subir avec succès les épreuves du brevet supérieur. Mais l'École a constamment poursuivi un autre but, plus noble et plus relevé que la conquête d'un diplôme. Son rôle a été instructif, éducatif, moral et social tout à la fois. Elle a voulu former des instituteurs dévoués à leurs fonctions, des éducateurs pour les enfants du peuple, de bons citoyens ; les résultats obtenus prouvent qu'elle a pleinement réussi.

Aux expositions scolaires qui ont eu lieu à Besançon en 1877 et 1884, l'École-Modèle a obtenu, pour les travaux des Élèves-Maîtres, des diplômes d'honneur et plusieurs prix. A l'exposition universelle de 1878, il lui a été décerné une médaille d'argent, et à celle de 1889 une médaille de bronze.

Le nombre des Élèves à admettre, s'élevant à six ou sept jusqu'en 1880, a été arrêté chaque année par la Commission de surveillance selon les besoins des écoles primaires. Le nombre total des Élèves présents a été, pendant longtemps, compris entre quinze et vingt. Assez souvent il s'est produit des défections dues à des causes multiples : maladie, changement de carrière, quelques cas, très rares, de renvoi pour cause de faiblesse générale.

Il a été donné lecture à la Commission, dans la séance du 8 juin 1882, d'une lettre de M. l'Inspecteur d'Académie demandant que pour la rentrée d'octobre suivant, il soit admis à l'École, selon les instructions ministérielles, autant d'élèves qu'elle pourra en loger sans inconvénients. La Commission a fixé à dix le nombre des admissions afin d'arriver, dans un délai de trois ans, à un effectif de trente Élèves-Maîtres. De plus, deux des candidats admissibles en 1882 ont été reçus comme Élèves externes. Voici le nombre des Élèves-Maîtres présents à l'École à différentes époques :

En 1839.	. .	22 élèves.	En 1866.	. .	15 élèves.
1843.	. .	21 —	1867.	. .	15. —
1847.	. .	18 —	1868.	. .	17 —
1852.	. .	11 —	1869.	. .	16 —
1857.	. .	19 —	1874.	. .	17 —
1858.	. .	16 —	1876.	. .	19 —
1859.	. .	17 —	1879.	. .	21 —
1860.	. .	17 —	1880.	. .	21 —
1861.	. .	18 —	1885.	. .	26 —
1862.	. .	20 —	1886.	. .	26 —
1863.	. .	19 —	1887.	. .	25 —
1864.	. .	19 —	1888.	. .	25 —
1865.	. .	15 —	1889.	. .	22 —

Les sept Élèves-Maîtres entrés à l'École Normale de Montbéliard en 1888 ont été versés à l'École Normale de Besançon en 1890, et y ont terminé leurs études. Les cinq Élèves entrés en 1889 ont passé leur deuxième et leur troisième année à Besançon.

Il est entré à l'École-Modèle sous la direction de :

MM. Jeanmaire, de 1838 à 1849 . . . . . 113 Élèves
     Mettetal, de 1850 à 1874 . . . . . 148 —
     Prêtre, de 1875 à 1889 . . . . . 116 —

L'École-Modèle a donc reçu en totalité . . . 377 Élèves

Au point de vue de la situation présente, ce nombre se décompose ainsi :

Anciens élèves encore vivants. 213
— décédés. 161
— dont la situation nous est inconnue. 3
TOTAL. 377

CHAPITRE IX

L'Association des Anciens Élèves.

En 1880, un certain nombre des anciens Élèves de l'École-Modèle de Montbéliard prirent l'initiative de grouper tous les anciens Élèves entrés à l'établissement en une association fraternelle. Sur l'invitation de M. Marthe, un Comité provisoire de douze membres fut organisé ; il avait pour Président M. Jacques, Instituteur à Paris, et pour Secrétaire M. Jeanperrin, Négociant à Colombier-Fontaine.

Le 1er juin 1880, un appel fut adressé à tous les anciens Élèves dont le domicile était connu. Le 9 septembre de la même année, à dix heures du matin, eut lieu, à la salle de l'École annexe, Place St-Martin, une Assemblée générale composée de 125 anciens Élèves. M. Jacques, Président du Comité d'initiative, ouvrit la séance par une chaleureuse allocution. Un projet de statuts élaboré par M. Prêtre, Directeur de l'École-Modèle, fut soumis à la discussion des membres présents. Lorsque l'examen des statuts fut terminé, le Président remit les pouvoirs du Comité d'initiative entre les mains de l'Assemblée, et invita à le remplacer M. Pavillard, doyen d'âge, ancien Maître-adjoint, et chef d'institution à Fleurier (Suisse). Sous la présidence de M. Pavillard, les anciens Élèves présents procédèrent aux élections générales pour la constitution du Comité d'administration de la Société.

Conformément à l'article 7 des statuts, le Comité fut composé de quatorze membres, savoir :

Présidents honoraires :

MM. Jeanmaire, ancien Directeur, Pasteur à Montbéliard;
Marthe, Agent des chemins de fer du Nord, à Lyon.

Président :

M. Marconnet, Instituteur à Étupes.

Vice-Présidents :

MM. Jeanperrin, Négociant à Colombier-Fontaine;
Caillods, Instituteur à Valentigney.

Secrétaire :

M. Girod, Instituteur à Ste-Suzanne.

Secrétaire-Adjoint :

M. Pardonnet, Instituteur à Bart.

Trésorier :

M. Bernard, Vérificateur des poids et mesures, à Montbéliard.

Assesseurs :

MM. Fallot, Instituteur à Colombier-Fontaine;
Grosclaude, Instituteur à Hérimoncourt;
Carray, — Sochaux;
Mettey, — Audincourt;
Marchand, — Beaucourt;
Roy, — Luze.

La séance fut levée à deux heures, aussitôt après la proclamation du résultat de l'élection; c'était l'heure qui avait été préalablement fixée pour le banquet. Plusieurs personnes notables, faisant partie de diverses administrations ou de corps élus, habitant Montbéliard ou les environs, ayant bien voulu accepter l'invitation qu'elles avaient reçue, honorèrent notre banquet de leur présence et prononcèrent des discours appropriés à la circonstance. Ce repas, qui termina une journée si bien remplie, fut une véritable fête cordiale et animée, où jeunes et vieux fraternisèrent d'une façon touchante.

Ceux d'entre nous qui ont assisté à cette première réunion des anciens Élèves de l'École-Modèle et au banquet qui la suivit en conservent le touchant souvenir. Là se trouvaient réunis les membres épars d'une même famille, et toutes les figures reflétaient la joie, le bonheur; plusieurs étaient heureux de retrouver un condisciple, un ami, après une longue séparation imposée par les nécessités de la vie.

Quelques semaines plus tard, chacun des sociétaires reçut un exemplaire des statuts, ainsi qu'un diplôme de Membre de l'Association. Les fonds centralisés par le Comité ont été distribués, par ses soins, à ceux des sociétaires dont la situaton pécuniaire et les charges de famille étaient les plus dignes d'intérêt, conformément aux articles 17 et 18 des statuts.

Aujourd'hui recettes et dépenses sont supprimées; il ne reste du passé que notre modeste banquet traditionnel qui a lieu chaque année durant les vacances de septembre. Les *anciens* se réunissent pour évoquer le souvenir de leurs vingt ans. Ils se rappellent, avec une indicible émotion, des joies et des déceptions secrètes; ils revoient, par la pensée, la maison où leur esprit s'est cultivé, où leur cœur s'est ouvert au charme de l'existence et aux espérances poétiques de la vie; ils s'entretiennent des Maîtres qu'ils apprécient aujourd'hui à leur juste valeur, parce qu'ils les ont solidement armés pour la lutte contre les difficultés à venir, parce qu'ils leur ont inculqué l'amour du devoir. Mais ils sont surtout heureux de retrouver les condisciples d'autrefois, les amis du jeune âge, avec lesquels ils passent une agréable journée.

En parcourant la liste des *anciens* que nous sommes parvenus à reconstituer, tous seront saisis d'une profonde émotion ; plusieurs peut-être essuieront furtivement une larme au souvenir des chers disparus. Les rangs s'éclaircissent d'une année à l'autre ; plusieurs promotions, - hélas ! ne comptent plus aucun représentant parmi nous ! ! Fatalement, la suppression de l'École a été le point de départ d'un affaiblissement numérique continu de l'Association des anciens Élèves ; *les morts vont vite,* chaque tombe qui se ferme sur l'un des nôtres produit dans nos rangs un vide qui ne sera pas comblé.

Jeunes et vétérans, affirmons la vitalité de notre Association en perpétuant, comme un signe de ralliement, ce banquet fraternel qui nous réunit chaque année, et qui doit durer aussi longtemps que le dernier des survivants de

l'École-Modèle de Montbéliard.

ANNUAIRE DES ANCIENS ÉLÈVES
de l'École-Modèle de Montbéliard.

1888 (2 janvier)

Pavillard, Pierre	Semondans	décédé
Burnier, Jacques	Blamont	—
Abram, Louis	Montécheroux	—
Pillard, Georges	Aibre	—
Charles, Pierre	St-Maurice	en retraite Voujaucourt
Bohin, Jacques	Audincourt	décédé
Roy, Frédéric	Aibre	en retraite Aibre
Mettetal, Pierre-Frédéric	Glay	— Valentigney
Barbier, Georges	Colombier-Font.	décédé
Mouhot, Pierre	Bavans	—
Gillotte, Pierre	Abbévillers	—
Certier, Pierre-Jacques	Longevelle	cultivateur Longevelle

1888 (1er octobre)

Amey, Georges	Bavans	cultivateur Chagey
Bonamb, Georges	Seloncourt	en retraite Blamont
Gaillard, Frédéric	Raynans	décédé
Mettetal, Pierre	Glay	—
Bernard, Charles	Bussurel	—
Ferrand, Charles	Vyans	—

BOURLIER, David	Montécheroux	décédé
GUEUTAL, Jacques	—	—
QUÉLET, Jacques	—	—
QUÉLET, Louis	—	—
OGIER, Pierre	Lougres	—
GOGUEL, Constant	Seloncourt	—

1839

HOUTTER, François	Roches	décédé
MOUHOT, Georges-Frédéric	Voujaucourt	—
BERLET, Jacques	Glay	en retraite Glay
FALLOT, Charles	Bussurel	décédé
METTEY, Pierre	Frédéric-Font^{ne}	—
PÉTREQUIN, Frédéric	Bavans	en retraite Couthenans
GUIDOT, Charles	Ecurcey	décédé
MARTHE, Frédéric	Bavans	—
JOURAND, Frédéric	Désandans	—
NARDIN, Pierre	Champey	—

1840

AMSTUTZ, Christophe	Villars	en retraite Colmar
JACQUES, Frédéric	Magny-d'An.	décédé
MAIRE, Frédéric	Trémoins	—
MAILLARD, Pierre-Fr.	Hérimoncourt	—
VURPILLOT, Charles	Ecurcey	—

1841

SIRE, Louis	Blamont	décédé
PAVILLARD, Frédéric	Semondans	—
GOLL, Jacques	Dung	—

Pourchot, Frédéric	Vieux-Charmont	décédé
Pechin, Georges	Etupes	—
Duvernoy, Nicolas	Vernoy	—
Mettetal, Auguste	Glay	—
Vittmer, Georges	Coiseveaux	—
Nardin, Pierre	Désandans	cultivateur Echenans (M.V.)
Jodry, Pierre	Trémoins	décédé

1842

Monnier, Christophe	Héricourt	décédé
Grosclaude, Pierre-Fr.	Laire	—
Mérillot, Pierre	Colombier-Font.	—
Marconnet, Jacques, O.A.	Vieux-Charmont	en retraite Valentigney
Totems, Pierre	Longevelle	décédé
Gremillot, Pierre	Vyans	—
Maire, Pierre	Trémoins	—
Coulon, Charles	Meslières	—
Certier, Frédéric	Longevelle	—
Canel, Pierre	Byans	cultivateur Tavey

1843

Roland, Samuel	Pierrefontaine	décédé
Métin, Georges, O. A.	Aibre	—
Mégnin, Pierre	Hérimoncourt	
Rayot, Pierre	St-Julien	décédé
Fallot, Pierre	Colombier-Font.	—
Horry, Charles-Alex.	Montbéliard	—
Bernard, Georges	Bavans	—
Brouillard, Pierre-Fr.	Désandans	—
Bernard, L.	Pierrefontaine	—
Macler	Autechaux	—
Migot	Seloncourt	—

1844

Beucler, Georges	Bavans	décédé
Vaisseau, Jean-Georges	Allondans	—
Charles, Georges	St-Maurice	—
Mégnin, Jacques	Thulay	—
Duvernoy, Pierre	Vernoy	—
Ferciot, Frédéric	Allenjoie	—
Bouteiller, Pierre-Fr.	Echenans (MV)	—
Plançon	Etobon	—
Darey	Chagey	—
Pochard	Magny-d'An.	—

1845

Duras, Jacques, O. A.	Beutal	en retraite	Mamirolle
Lécureux, Pierre	Vernoy	décédé	
Dessert, Pierre	Mandeure	—	
Pourchot, Jacques	Vieux-Charmont	—	
Marchand, Georges	Beutal	—	

1846

Nardin, Pierre	Vieux-Charmont	décédé
Merot, Georges	Dambenoît	—
Bugnon, Pierre	Longevelle	—
Dorbritz	Montbéliard	—
Viénot, Jacques	Pierrefontaine	—
Beucler, Louis	Bavans	en retraite Bavans
Savourey, Georges	Mandeure	décédé

1847

Beucler, Georges	Bart	rentier	Paris
Bohin, David	Audincourt	employé	Audincourt

Boiteux, Frédéric	Beutal	décédé	
Mouhot, Georges-Fr.	Arbouans	employé	Ste-Suzanne
Bainier, Pierre	St-Julien	décédé	
Jodry, Frédéric	Trémoins	—	
Jeanmaire, Jean-Fr.	Clairegoutte	—	
Bonhotal,	Chenebier	—	

1848

Roland, Julien, O. A.	Badevel	en retraite	Badevel
Boname, Pierre	Ste-Marie	décédé	
Bourquin, Georges	Semondans	—	
Joney, Georges	Issans	—	
Jeanperrin, Louis	Bart	en retraite	Meslières
Beleney, Auguste	Hérimoncourt	décédé	
Perdrizet, Georges	Héricourt	—	

1849

Contejean, Pierre	Bethoncourt	décédé	
Carray, Georges, O. A.	Courcelles	en retraite	Sochaux
Mettey, Georges	Issans	décédé	
Rayot, Louis	Audincourt		
Pochard, Jules	Magny-d'An.	décédé	
Calame, Pierre	Montbéliard	—	

1850

Gaillard, Georges	Raynans	cultivateur	Raynans
Pétrequin, Pierre	Colombier-Font.	décédé	

1851

Monnier, Pierre	Trémoins	décédé
Mignerey, Pierre	Etobon	—

BAINIER, Frédéric	St-Julien	cultivateur	St-Julien
ROY, Frédéric	Vyans	décédé	
DORMOIS, Jacques	Trémoins	négociant	Pont-de-Roide
LOVY, Frédéric	Byans	décédé	

1852

BAINIER, Pierre, O. I.	St-Julien	en retraite	Paris
CHAVEY, Frédéric	Beutal	cultivateur	Beutal
CHAVEY, Georges	—	décédé	
DURAS, Frédéric	—	—	
BAINIER, Georges	St-Julien	comptable	La Roche
DEMET, Frédéric	Trémoins	décédé	
BROUILLARD, Jacques	Semondans	en retraite	Issans

1853

CERTIER, Pierre	Longevelle	décédé	
CARRAY, Pierre	Courcelles	—	
PÉTREQUIN, Pierre	St-Maurice	cultivateur	St-Maurice
JEAND'HEUR, Frédéric	Champey	m^e d'hôtel	La Foa (Nouv.-Calédonie)
ABRY, Pierre-Frédéric	Luze	décédé	
PERRENOT, Georges	Brognard	en retraite	Gr^d-Charmont

1854

GAILLARD, Frédéric	Raynans	décédé	
MEITEY, Eugène, O. I.	Présentevillers	en retraite	Voujaucourt
JEANPERRIN, Aimable	Colombier-Font.	décédé	
BERNARD, Émile	Désandans	—	

1855

POURCHOT, Adolphe	Belverne	en retraite	Héricourt
PETIT, Georges	Laire	décédé	
VERNIER, Pierre	Bretigney	en retraite	Mandeure
FALLOT, Georges	Colombier-Font.	—	Colombier-F^n

1856

Marchand, Frédéric, O. A.	Beutal	en retraite	Audincourt
Nardin, Frédéric	Champey	décédé	
Grisier, Frédéric	Bretigney	—	
Chavey, Pierre	Beutal	comptable	Valentigney
Rigoulot, Pierre	Raynans	en retraite	Vernoy
Marchand, Pierre	Longevelle	décédé	
Doriot, Henri	Coiseveaux	commerç^{nt}	Fr^{ic}.-Fontaine
Duroy, Georges	Colombier-Font.	décédé	

1857

Goll, Emile	Dung	décédé
Euvrard, Jean-Jacques	Etobon	—
Valley, Frédéric	Champey	—
Geney, Louis	Laire	—
Marconnet, Frédéric	Vieux-Charmont	—
Marconnet, Georges	Laire	—

1858

Jeanperrin, Frédéric	Longevelle	décédé
Louys, Frédéric	Pierrefontaine	—
Euvrard, Georges-Fr.	Etobon	—
Mathiot, Georges	Villars	—
Gremillot, Louis	Vyans	—

1859

Pardonnet, Frédéric, O.A.	Blussangeaux	en retraite	Colombier-F.
Mattey, Frédéric	Mandrevillars	—	Longevelle
Nardin, Jacques	Etobon	décédé	
Plançon, Louis	—	en retraite	Mandeure
Marconnet, Jacques	Vieux-Charmont	—	Dampier-l.-B.
Mérillot, Frédéric	Colombier-Font.	décédé	
Duroy, Frédéric	—	—	

1860

Caillods, Henri, O. I.	Bussurel	instituteur	Montbéliard
Lovy, Frédéric	Laire	—	Dasle
Molbert, Pierre	Longevelle	décédé	
Métin, Louis	Raynans	—	
Rayot, Georges	St-Julien	—	
Pécler, Charles	Bretigney	—	

1861

Métin, Frédéric	Lougres	décédé	
Mérillot, Frédéric	Colombier-Font.	en retraite	Ste-Marie
Vaisseau, Emile	Allondans	décédé	
Métin, Charles	Raynans	—	
Rayot, Georges	St-Julien	juge de paix	Boussières
Pétrement, Charles	Laire	décédé	
Coulon, Auguste	Glay	—	

1862

Faivre, Georges	Chagey	décédé	
Monnin, Eugène	Abbévillers	instituteur	Valentigney
Mouhot, Paul	Présentevillers	décédé	
Mettey, Louis	—	instituteur	Courcelles
Véron, Frédéric	Colombier-Chât.	—	Dung
Maigret, Louis, O. A.	Laire	en retraite	Blamont
Girod, Charles	Arbouans	instituteur	Ste-Suzanne

1863

Prêtre, Louis, O. I.	Présentevillers	en retraite	Bethoncourt
Joly, Frédéric	Etupes	employé	Etupes
Pourchot, Frédéric	Raynans	instituteur	Mandeure
Thierry, Louis	Dung	décédé	
Petithory, Anatole	Clairegoutte	—	
Donzé, Louis	Blamont	—	
Tournu, Louis	Coiseveaux	en retraite	Héricourt

1864

Fallot, Louis	Colombier-Font.	instituteur	Exincourt
Mérot, Frédéric	Brognard	décédé	
Mettey, Louis	Présentevillers	instituteur	St-Julien
Bernard, Léon	Pierrefontaine	agent d'as^{ce}	Montbéliard
Marconnet, Emile	Voujaucourt	employé	Meslières
Métin, Henri	Raynans	décédé	
Charles, Edmond	Aibre	cafetier	Fesches

1865

Macler, Jacques	Villars	en retraite	Ecurcey
Monnin, Jules	Abbévillers	instituteur	Pierrefontaine
Lécureux, Pierre	Présentevillers	décédé	
Mouhot, Louis	—	—	

1866

Prêtre, Eugène, O. A.	Présentevillers	instituteur	Bart
Morel, Frédéric	Colombier-Font.	décédé	
Mouhot, Frédéric	Présentevillers	—	
Paris, Frédéric	Echenans (M.V.)	emp. télég.	Paris

1867

Bataille, Frédéric, O.A.	Mandeure	professeur	Vanves
Abram, Charles, O. A.	Belfort	—	Besançon
Duvernoy, Jules	Vernoy	instituteur	Etrappe
Mettey, Frédéric	Mandeure	décédé	
Amey, Adolphe	Courcelles	instituteur	Sarrageois
Pétrement, Henri	Laire	—	Besançon
Roy, Emile	Trémoins	—	Paris

1868

PAVILLARD, Pierre	Semondans	instituteur	Valentigney
VIÉNOT, Julien	Dampierre-les-B.	décédé	
BILLODS, Frédéric	Bussurel	instituteur	Bussurel
SEIGNEUR, Charles	Mandeure	employé	Colombier-F.
CHARPIOT, Auguste	Colombier-Font.	instituteur	Raynans
MACLER, Jules	Villars	décédé	

1869

CERTIER, Frédéric	Longevelle	décédé	
BATAILLE, Louis	Mandeure	—	
BOUTEILLER, Henri	Etobon	instituteur	Paris
RENAUD, Alphonse	Valentigney	décédé	
DUVERNOY, Émile	Vernoy	instituteur	La Prétière
CHAVEY, Pierre	Beutal		
PÉTREQUIN, Georges	Champey	— en congé	Couthenans
JACQUIN, Pierre	Lougres	cultivateur	Lougres

1870

LOUYS, Émile	Seloncourt	instituteur	Colombier-F.
CUCUEL, Pierre	Lougres	en retraite	V.-Charmont
PÉTREQUIN, Léon	St-Maurice	instituteur	Glay
PAVILLARD, Georges	Semondans	cultivateur	Semondans
VEUILLEQUEZ, Louis, O.A.	Bavans	en retraite	Bavans
BELEY, Adolphe	Dasle	décédé	

1871

CHENELOT, Louis	Désandans	instituteur	Beutal
MAUVEAUX, Louis	Grand-Charmont	économe	Rouen
CONTEJEAN, Charles	Bethoncourt	instituteur	Taillecourt
CHARLES, Gustave	Voujaucourt	—	Etupes
MOREL, Émile	Colombier-Font.	—	Ecurcey
BAINIER, Charles	St-Julien	—	Bretigney

1872

Mignerey, Jules, O. A.	Etobon	professeur	Belfort
Camus, Frédéric	Bethoncourt	instituteur	Montbéliard
Bretey, Émile	Voujaucourt	—	Allondans

1873

Lods, Pierre, O. A.	Aibre	commis Insp. acad.	Vesoul
Cuisenier, Louis	Mandeure	décédé	
Brouillard, Alfred	Bondeval	instituteur	Bethoncourt
Marchand, Eugène	Longevelle	—	Bavans
Mettey, Pierre	Ste-Marie	décédé	
Louys, Georges	Valentigney	instituteur	Andincourt
Jacquin, Louis	Lougres	cultivateur	Lougres
Dormoy, Frédéric	Trémoins	empl. de ch. de fer	

1874

Faivre, Frédéric	Nommay	instituteur	Dambenoît
Mattey, Louis, O. A.	Valentigney	professeur	Paris
Grisier, Eugène	Bretigney	—	Paris
Contejean, Henri	Bethoncourt	instituteur	Fornaka (Algérie)
Maigret, Émile	Laire	—	Thulay
Marconnet, Émile	Vieux-Charmont	—	Brognard
Verpillot, Émile	Champey	—	Frédéric-Font.

1875

Métin, Charles	Raynans	professeur	Montbéliard
Morel, Pierre	Colombier-Font.	instituteur	Paris
Duroy, Émile	—	—	Bouffarick (Alg.)
Véron, Julien, O. A.	Colombier-Chât.	en retraite	Lougres
Fournier, Édouard	Sochaux	instituteur	Algérie
Lods, Louis	Coiseveaux	—	Mercier-Lacombe (Algérie)

1876

Gressard, Charles, O. A.	Vandoncourt	professeur	Vesoul
Barbier, Léon	Colombier-Font.	—	Constantine
Pardonnet, Louis	—	—	Reims
Certier, Emmanuel	Longevelle	décédé	
Boname, Jules	Ste-Marie	instituteur	Blamont
Lods, Georges	Trémoins	négociant	Héricourt
Dormoy, Louis	—	décédé	

1877

Bainier, Jules, O. A.	St-Julien	commis d'Insp.Ac.	Aurillac
Meslières, Jules	Montécheroux	instituteur	Essert
Breuleux, Albert	Bethoncourt	—	St-Agnan (S.-et-L.)
Fournier, Henri	Sochaux	employé	Audincourt
Beucler, Edmond	Présentevillers	professeur	Montbéliard
Marconnet, Frédéric	Vieux-Charmont	décédé	
Perret, Charles	Etobon	instituteur	Couthenans
Bainier, Jules	Ste-Marie	—	Byans

1878

Veuillequez, Edmond	Bart	décédé	
Malblanc, Émile	Bussurel	instituteur	Nommay
Amstutz, Émile	Vandoncourt	—	Valentigney
Rigoulot, Albert	Vieux-Charmont	—	Seloncourt
Berlet, Jules	Etobon	—	Trémoins
Girardez, Auguste	Seloncourt	—	Badevel

1879

Bourquin, Charles	Bretigney	instituteur	Colombier-Châtelot
Kiger, Henri	Courcelles	—	Fesches
Duvernoy, Émile	Champey	—	Coiseveaux
Robert, Jacques	Luze	—	Luze
Lagarce, Edmond	Désandans	—	Montbéliard
Maire, Pierre	Semondans	professeur	Pont-à-Mouss.

Fallot, Paul	Colombier-Font.	professeur	Besançon
Marconnet, Louis	Vieux-Charmont	instituteur	Vyans

1880

Bohin, Charles	Audincourt	instituteur	Vandoncourt
Boiteux, Emmanuel, O.A.	Beutal	professeur	Besançon
Bouteiller, Albert	Valentigney	décédé	
Caburet, Frédéric	Nommay	m^d de vins	Brognard
Mettey, Paul	Badevel	négociant	Pontailler-s/-Saône
Vernier, Louis	Blamont	instituteur	Gd-Charmont
Lagarce, Charles	Désandans	—	Besançon
Berlet, Alfred	Etobon	—	Brevilliers

1881

Marchand, Auguste	Vandoncourt	professeur	Blaye
Comte, Edmond	Belverne	en congé	Belverne
Courtot, Eugène	Montbéliard	décédé	
Fournier, Henri	Vieux-Charmont	instituteur	Désandans
Rossel, Edmond	Bart	—	Présentevillers
Lecrille, Gustave	Colombier-Font.	—	Lougres
Goll, Henri	Grand-Charmont	décédé	

1882

Richard, Alphonse	Ste-Suzanne	instituteur	Besançon
Fainot, Louis	Seloncourt	—	Villars-s/-Ecot
Lévy, Benoît	Badevel	—	Paris
Piotte, Léon	Montbozon	décédé	
Brouillard, Ernest	St-Maurice	professeur	Bourg
Dormoy, Louis	Blussangeaux	instituteur	Semondans
Colin, Pierre	Bethoncourt	—	Paris
Mazimann, Charles	—	—	enf. de troupe, Autun
Lagarce, Pierre	Fesches	—	Meslières
Carray, Georges	Sochaux	—	Sochaux

1888

Marquet, Alphonse	Bavans	instituteur	Bondeval
Schurr, Albert	Dampierre-l.-Bois	—	Bourguignon
Mouhot, Émile	Bart	—	Montécheroux
Monnamy, Charles	Nommay	décédé	
Carray, Aristide	Badevel	instituteur	Montbéliard
Beucler, Frédéric	Beaucourt	—	Beaucourt
Fernand, Charles	Nommay	—	Blussangeaux
Donzé, Edmond	Vieux-Charmont	—	Besançon
Mérillot, Edmond	St-Julien	décédé	
Ferciot Émile	Seloncourt	secrét. de mairie	Audincourt
Vautherot, Gustave	Colombier-Chât.	suppléant départ.	Besançon

1884

Maire, Louis	Semondans	instituteur	Longevelle
Kohler, Benjamin, O.A.	Villars-les-B.	prof. d'agricult.	Besançon
Mignerey, Louis	Etobon	instituteur	Paris
Lovy, Paul	Dasle	—	Audincourt
Grandjean, Armand	Etobon	—	Allenjoie
Ponçot, Émile	Villars-les-B.	—	Droitfontaine
Louys, Émile	Beaucourt	—	Beaucourt
Mattey, Charles	Longevelle	—	Montbéliard

1885

Debrie, Louis	Echenans-s/-l'E.	décédé	
Barbier, Jules	Colombier-Font.	instituteur	La Gacilly (Morbihan)
Goll, Louis	Hérimoncourt	—	Vermondans
Barbier, Paul	Colombier-Font.	commis Insp.acad.	Orléans
Reuche, Alphonse	Bart	instituteur	Montbéliard
Roméis, Paul	Hérimoncourt	professeur	Wiesbaden
Barbier, Émile	Seloncourt	instituteur	Voujaucourt
Nérac, Émile	Valentigney	—	Valentigney
Tissot, Edmond	Bethoncourt	—	Montbéliard

1886

Bourquin, Louis	Raynans	instituteur	Roches-l.-Bl.
Pourchot, Alfred	Mandeure	—	Valentigney
Marconnet, Émile	Laire	—	Besançon
Goll, Émile	Grand-Charmont	—	Valentigney
Pardonnet, Paul	Bart	—	Seloncourt
Lardier, Florian	Dampierre-l.-B.	lieut 44ᵉ inf.	Lons-le-Sauln.
Jacques, Amédée	Magny-d'An.	instituteur	Autechaux
Barret, Octave	Dampierre-s/-D.	—	Soulce
Schoutith, Alphonse	Dung	décédé	

1887

Euvrard, Paul	Hérimoncourt	instituteur	Montbéliard
Goll, Alfred	—	—	Mathay
Roméis, Léon	—	—	Audincourt
Corneille, Ermand	Charquemont	industriel	Charquemont
Marthe, Florian	Bavans	instituteur	Montbéliard
Marconnet, Armand	Dampierre-l.-B.	—	Dampierre-les-Bois
Croissant, Louis	Champey	—	Pont-de-Roide

1888

Pourchot, Lucien	Bart	instituteur	Montbéliard
Besançon, Jules	Glay	—	Senans
Meslières, Alfred	Valentigney	employé	Valentigney
Perrenot, Lucien	Dampierre-l.-B.	instituteur	Abbévillers
Plançon, Jules	Bondeval	—	Audincourt
Duroy, Paul	Colombier-Font.	—	Le Boulois
Schoutith, Léon	Dung	—	Laire

1889

Joly, Albert	Etupes	instituteur	Hérimoncourt
Pourchot, Armand	Mandeure	professeur	Montbéliard
Rognon, Émile	—	instituteur	Audincourt
Fallot, Jules	Colombier-Font.	suppléant départ.	Besançon
Barret, Ernest	Berche	instituteur	La Rivière

www.ingramcontent.com/pod-product-compliance
Lightning Source LLC
LaVergne TN
LVHW050617090426
835512LV00008B/1537